초등 필수 어휘

옛이야기 고사성어

천천히읽는책 _61

초등 필수 어휘
옛이야기 고사성어

글 정재윤

펴낸날 2023년 3월 3일 초판1쇄
펴낸이 김남호 | 펴낸곳 현북스
출판등록일 2010년 11월 11일 | 제313-2010-333호
주소 07207 서울시 영등포구 양평로 157 투웨니퍼스트밸리 801호
전화 02)3141-7277 | 팩스 02)3141-7278
홈페이지 http://www.hyunbooks.co.kr | 인스타그램 hyunbooks
ISBN 979-11-5741-354-6 73710

편집장 전은남 | 책임편집 류성희 | 디자인 디.마인 | 마케팅 송유근 함지숙

글 ⓒ 정재윤 2023

이 책은 저작권법에 의하여 보호를 받는 저작물이므로 무단 전재 및 복제를 금지하며,
이 책 내용의 전부 또는 일부를 이용하려면 반드시 저작권자와 현북스의 허락을 받아야 합니다.

⚠ 주의 종이에 베이거나 긁히지 않도록 조심하세요. 책 모서리가 날카로우니 던지거나 떨어뜨리지 마세요.

초등 필수 어휘

옛이야기 고사성어

정재윤 지음

머리말

원전의 내용과 고사성어를 함께 익혀요

　초등학교 고학년이 되면 특히 독서를 많이 해야 한다고들 합니다. 학습을 위한 독서뿐만 아니라, 교양을 쌓기 위한 독서 또한 초등학교 고학년이 적기라고 하지요.

　그런데 독서를 방해하는 녀석이 있습니다. 뜻을 알 수 없는 '어휘'라는 녀석입니다. 책을 아무리 많이 읽어도 어휘의 뜻을 모르면 아무런 소용이 없습니다. 독서에서 중요한 것이 바로 어휘라는 것입니다.

　우리말 어휘는 약 70%가 한자어로 이루어져 있습니다. 그 가운데 상당수를 차지하는 것이 바로 옛이야기에서 유래한 '고사성어'입니다. 많은 작가들이 고사성어를 사용하고 있습니다. 고사성어를 사용하면 작가가 전달하고 싶은 생각을 더 생생하고 적절하게 전달할 수 있기 때문입니다.

　고사성어는 한자어이기 때문에 이해하기가 쉽지 않습니다. 많이 기억하기도 힘들지요. 하지만 고사성어를 모르면 글을 읽고 이해하기 힘듭니다. 어휘 공부에서 고사성어 공부를 빠뜨려서는 안 되는 까닭이기도 합니다.

　이 책에서는 초등학교 고학년이 꼭 알아두어야 할 고사성어 70개를 옛이야기를 통해 익히고, 추가로 30개를 더 알아볼 수 있도록 꾸몄습니다.

　가끔 고사성어와는 관계없는 이야기를 마구 지어내 고사성어를 억지로 익히도록 하는 경우도 있습니다. 하지만 이 책에서 소개하는 옛이야기는 고사성어가 유래한 원전의 내용을 최대한 그대로 전달한 것입니다. 책을 읽는 과정에서 원전의 내용을 미리 알아보는 즐거움도 누릴 수 있을 것입니다.

　실생활에서 고사성어가 어떻게 활용되는지 용례도 보였습니다. 그리고 고사성어가 어떤 책에서 유래했는지, 그 책들은 어떤 책인지도 밝혀 놓았습니다. 꼭 알 필요는 없지만 많은 참고가 되리라 생각합니다. 이 책을 읽으며 고사성어를 좀 더 쉽고 재미있게 익히기를 바랍니다.

정재윤

차례

머리말 원전의 내용과 고사성어를 함께 익혀요 4

1장. 노력하는 사람

대기만성(大器晚成) 12	마부작침(磨斧作針) 14
우공이산(愚公移山) 16	위편삼절(韋編三絶) 18
일취월장(日就月將) 20	절차탁마(切磋琢磨) 22
좌우명(座右銘) 24	형설지공(螢雪之功) 26
화룡점정(畫龍點睛) 28	환골탈태(換骨奪胎) 30

2장. 극복하는 사람

고육지책(苦肉之策) 34	권토중래(捲土重來) 36
단기천리(單騎千里) 38	등용문(登龍門) 40
배수진(背水陣) 42	사면초가(四面楚歌) 44
와신상담(臥薪嘗膽) 46	읍참마속(泣斬馬謖) 48
임기응변(臨機應變) 50	천재일우(千載一遇) 52

3장. 아름다운 사람

결초보은(結草報恩) 56	관포지교(管鮑之交) 58
금상첨화(錦上添花) 60	동병상련(同病相憐) 62
명경지수(明鏡止水) 64	문경지교(刎頸之交) 66
반포지효(反哺之孝) 68	살신성인(殺身成仁) 70
죽마고우(竹馬故友) 72	지음(知音) 74

4장. 뛰어난 사람

괄목상대(刮目相對) 78	군계일학(群鷄一鶴) 80
낭중지추(囊中之錐) 82	백미(白眉) 84
백발백중(百發百中) 86	완벽(完璧) 88
인자무적(仁者無敵) 90	천리안(千里眼) 92
천의무봉(天衣無縫) 94	호연지기(浩然之氣) 96

5장. 어리석은 사람

각주구검(刻舟求劍)	100	교언영색(巧言令色)	102
기우(杞憂)	104	당랑거철(螳螂拒轍)	106
부화뇌동(附和雷同)	108	수주대토(守株待兔)	110
자가당착(自家撞着)	112	조삼모사(朝三暮四)	114
필부지용(匹夫之勇)	116	호가호위(狐假虎威)	118

6장. 지혜로운 사람

맹모삼천(孟母三遷)	122	삼고초려(三顧草廬)	124
선견지명(先見之明)	126	역지사지(易地思之)	128
온고지신(溫故知新)	130	유비무환(有備無患)	132
이심전심(以心傳心)	134	청출어람(靑出於藍)	136
촌철살인(寸鐵殺人)	138	타산지석(他山之石)	140

7장. 깨닫는 사람

남가일몽(南柯一夢) 144	명약관화(明若觀火) 146
모순(矛盾) 148	목불견첩(木不見睫) 150
미봉책(彌縫策) 152	백년하청(百年河淸) 154
사족(蛇足) 156	새옹지마(塞翁之馬) 158
토사구팽(兎死狗烹) 160	호접지몽(胡蝶之夢) 162

부록 1.
더 알아 두면 좋은 고사성어   164

부록 2.
이 책의 고사성어가 수록된 중국 원전   171

예나 지금이나 사람들의 삶이 힘겹기는 마찬가지입니다. 그러면서도 사람들의 삶은 갈수록 나아질 것이라는 희망을 우리는 버리지 않습니다. 사람들은 늘 더 잘살아 보려고 노력하기 때문입니다. 노력하는 사람의 모습은 고사성어에도 그대로 담겨 있습니다.

1장. 노력하는 사람

대기만성

중국 위나라에 최염이라는 장군이 있었어. 대인다운 외모와 인격을 갖추고 있어서 주위 사람들에게 늘 존경을 받았지.

최염에게는 최림이라는 사촌 동생이 있었는데, 영리하지도 않고 외모도 볼품이 없어서인지 출세도 못 하고 친척들에게 바보로 취급받았어. 그러나 최염만은 보는 눈이 남달랐단다.

"큰 종이나 큰 솥은 쉽게 만들어지지 않아. 사람도 그와 같아서 큰 재주를 지닌 이도 쉽게 이루어지지 않아서 완성되기까지 오랜 시간이 걸리는 거야. 내 아우 최림도 그처럼 대기만성할 친구야. 두고 보라고, 언젠가 큰 인물이 될 것이니."

과연 최염의 말대로, 최림은 삼공으로서 황제를 보필하는 큰 인물이 되었지.

후한 때 마원이란 장군도 그랬어. 마원은 원래 변방의 관리였는데, 나중에 복파 장군까지 된 인물이야. 복파 장군이란 나라에 큰 공을 세운 장군에게 주는 칭호였어.

마원이 처음 변방의 관리가 되고 나서 인사를 하러 형 마황을 찾아가자, 형이 이런 말을 하는 거야.

"너는 큰 재주가 있으니 마땅히 늦게 이루어진다. 솜씨 좋은 목수는 산에서 막 베어 낸 거친 나무라도 시간과 노력을 들여 좋은 재목으로 다듬어 내는 법이다."

마원은 형의 말을 가슴속 깊이 새기고 매사에 신중히 행동하며 꾸준히 노력해서 훗날 큰 인물이 되었단다.

《삼국지》 위서 최림전, 《후한서》 마원전

대기만성 大器晩成

大 큰 대, 器 그릇 기, 晩 늦을 만, 成 이룰 성

'큰 그릇을 만드는 데는 시간이 오래 걸린다'는 뜻으로, 크게 될 사람은 늦게서야 성공한다는 말.

- 40이 넘어 가수로 성공한 그 사람을 두고 누구나 다 대기만성이라고 칭찬을 했다.

마부작침

중국 당나라의 시인 이백은 어릴 때부터 책을 많이 읽고, 시도 잘 쓰는 천재였어. 놀기도 무척 좋아해서 사람들과 잘 어울렸으며, 돈도 펑펑 썼다고 해.

그러다가 학문에 매진하겠노라며 산에 들어간 적이 있어. 하루하루 열심히 공부를 했지만, 이런 생활이 놀기 좋아하는 이백과 맞을 리 없었지.

'이렇게 힘든 공부를 언제 다 해? 공부고 뭐고 다 때려치울 거야.'

이백은 산을 내려가기로 했어. 마을을 향해 한창 걸어가는데, 한 노파가 물가에 앉아 바윗돌에다 도끼를 갈고 있었어.

"할머니, 지금 뭘 하고 계세요?"

"바늘을 만들고 있단다."

"아니, 도끼로 바늘을 만들어요? 도끼를 간다고 해서 바늘처럼 가늘어지겠어요?"

"열심히 갈다 보면 도낀들 바늘로 못 만들겠니? 도중에 그만두면 모를까."

이백은 뒤통수를 세게 얻어맞은 느낌이 들었어.

'그래. 노력해서 안 될 일이 어디 있겠어. 처음부터 시도하지 않는 것이 문제지. 더 나쁜 것은 하다가 중간에 그만두는 짓이야.'

이백은 다시 산으로 올라갔어. 그러고는 열심히 공부하여 중국에서 양대 산맥을 이루는 유명한 시인이 되었단다.

《당서》 문예전

마부작침 磨斧作針

磨 갈 마, 斧 도끼 부, 作 지을 작, 針 바늘 침

'도끼를 갈아서 바늘을 만든다'는 뜻으로, 아무리 어려운 일이라도 끊임없이 노력하면 반드시 이룰 수 있음을 이르는 말.

- 영수는 한번 시작한 태권도를 마부작침의 자세로 끝까지 해 보겠다고 다짐했어요.

우공이산

 옛 중국에 우공이라는 90살 노인이 살고 있었어. 우공의 집 앞에는 태형산과 왕옥산이라는 크고 높은 산이 있었지. 우공의 가족은 이 산을 돌아서 다녀야 했기 때문에 살기가 영 불편했어.
 우공이 가족들에게 말했단다.
 "산을 깎아서 길을 내고 싶은데 너희 생각은 어떠냐?"
 모두 눈이 휘둥그레졌어. 산을 깎는다니, 그게 말이나 되는 소린가? 반대도 있었으나, 가족들은 결국 우공의 말을 들어 주었어.
 다음 날부터 우공은 돌을 깨고 흙을 파서 바닷가로 날랐어. 마을 사람들은 손가락질하며 비웃었지.
 "어리석은 우공! 그 힘으로 당신 생전에 산의 터럭 하나라도 없어지긴 하겠소?"
 "내 생전에 못 하면 아들이 할 것이고 아들이 못 하면 손자가 하겠지. 산은 높아지지 않으니 언젠가는 평평해

질 거야. 안 그런가? 허허허."

뱀을 다루는 산신령은 골치가 아팠어. 진짜 산이 없어질 것 같았거든. 산신령은 옥황상제를 찾아갔지.

"옥황상제님! 저 우공 좀 말려 주십시오."

"우공의 노력과 정성이 가상하지 않은가. 두 산을 옮겨 주기로 하지. 이러면 신령님도 걱정이 없으시겠지?"

옥황상제는 힘이 센 거인 둘을 시켜 두 산을 업어다가 다른 곳으로 옮겨 주었단다.

《열자》 탕문편

우공이산 愚公移山

愚 어리석을 우, 公 존칭 공, 移 옮길 이, 山 뫼 산

'우공이 산을 옮긴다'는 뜻으로, 어떤 일이든 끊임없이 노력하면 반드시 이루어짐을 이르는 말.

- **우공이산**이라고 하루에 100원씩 넣으면 언젠가는 돼지저금통이 꽉 찰 거예요.

위편삼절

중국의 위대한 철학자 공자는 나이가 들어서 《주역》이라는 책을 무척 좋아했어. 《주역》은 유교 경전 가운데 하나로 우주의 원리와 자연의 이치를 별점으로 설명하고 풀이한 책이야.

공자가 살았던 춘추 시대에는 아직 종이가 발명되기 전으로, 종이 대신 대나무 조각을 가죽끈으로 엮어서 책 모양으로 만들어서 사용했지. 이런 대나무 책을 '죽간'이라고 하지.

공자는 《주역》에 나와 있는 우주 철학의 심오한 내용을 체계적으로 해석하는 데에 많은 힘을 쏟았어. 그래서 《주역》을 자주 읽었는데, 얼마나 자주 읽었던지 책을 묶었던 가죽끈이 세 번이나 끊어졌다고 해. 어떤 사람들은 셀 수 없을 정도로 여러 번 책을 읽다 보니 책을 묶었던 끈을 새것으로 바꾼 것이 여러 번이었다고도 하고.

이 정도로 열심히 공부하고도 공자는 "내가 몇 년 더

살 수 있다면 《주역》의 내용을 완벽히 파악할 수 있을 텐데" 하면서 아쉬워했단다.

　이처럼 '위편삼절'은 공부에 몰두하는 자세, 학문에 대한 열의를 나타내는 뜻으로 쓰여. 비슷한 말로 소뿔에 책을 걸고 소를 타고 가면서도 공부한다는 뜻의 '우각괘서', 머리카락을 대들보에 묶고 허벅지를 송곳으로 찌른다는 뜻으로 지독하게 학문에 정진하는 모습을 묘사한 '현량자고'라는 성어도 있단다.

《사기》 공자세가

위편삼절 韋編三絕
韋 다룸가죽 위, 編 엮을 편, 三 석 삼, 絕 끊을 절

'책을 묶은 가죽 끈이 세 번이나 끊어졌다'는 뜻으로, 책이 닳고 닳을 때까지 여러 번 읽을 만큼 학문에 열중한다는 말.

- 위편삼절은 못 하더라도 책 한 번을 안 읽니?

일취월장

중국 주나라의 성왕에게 신하들이 경계의 말을 올렸어.

모든 일을 조심하고, 또 조심해서 하십시오.
하늘에서 굽어보고 계십니다.
하늘의 명은 얻기 어려운 것입니다.
선조들이 하늘 높이 계시다가,
일일이 오르내리시며,
날마다 살피고 계십니다.

그러자 성왕이 신하들의 말을 마음에 되새기며 선조들에게 답하지.

못난 소자, 비록 총명하지도 신중하지도 않지만,
일취월장하여 배움을 이어 나가 광명에 이를 것이

니

맡은 일을 도와 저에게 밝은 덕행을 보여 주시옵소서.

비록 자신의 자질이 부족하기는 하지만 부지런히 노력하면 학문이 높은 곳에 이를 것이니, 그런 왕이 될 수 있도록 신하들 역시 훌륭한 학문과 행실을 보여 주기를 부탁하는 내용이란다.

《시경》 주송

일취월장 日就月將
日 해 일, 就 이룰 취, 月 달 월, 將 장차 장

'나날이 발전해 나간다'는 뜻으로, 조금씩 쌓아 나가 많은 것을 이루는 것을 말함.

- 날마다 밤늦게까지 연습하더니 탁구 실력이 일취월장하는구나.

절차탁마

 어느 날 공자의 제자 자공이 물었어.
 "사람이 가난해도 아첨하지 않으며, 부유해도 교만하지 않으면, 어떻습니까?"
 "그것도 좋지. 그러나 가난하되 가난함을 즐길 줄 알며, 부유하되 예를 좋아하는 사람보다는 못하느니라."
 "《시경》에 '절차탁마'라는 구절이 나오는데, 선생님 말씀이 바로 이를 말하는 것입니까?"
 자공의 말에 공자가 고개를 끄덕였어.
 "이제 너와 더불어 '시'에 대해 논할 수 있겠다! 지나간 것을 알려 주었더니 다가올 것을 아는구나."

 자공은 똑똑하고 부자였으나 말을 번지르르하게 하고 뽐내기를 좋아하는 편이었어. 자기는 가난할 때도 아첨하지 않고 부자가 된 뒤에도 교만하지 않으니까 공자에게 칭찬을 듣고 싶었던 거지. 그런데 공자는 그보다 더 높은 경지를 말해 줌으로써 자공이 자만하지 않고 더 발전할 수 있게 이끈 거야.

'기욱'이라는 노래에 "어여쁜 우리 낭군님은 옥돌을 자른 듯하고 썬 듯하고 쫀 듯하고 간 듯하다"라는 구절이 나와. 절차탁마해서 잘 다듬어 놓은 옥에 남자 친구를 빗댄 거지.

자공이 이 말을 끌어와 "군자의 인격도 예술품을 만들 듯 이렇게 다듬어 가야 한다"는 뜻으로 사용하자 공자에게 크게 칭찬을 받은 것이란다.

《논어》 학이편

절차탁마 切磋琢磨

切 끊을 절, 磋 갈 차, 琢 쫄 탁, 磨 갈 마

'칼로 끊고 줄로 갈며 망치로 쪼고 숫돌로 간다'는 뜻으로, 학문과 덕행을 부지런히 닦음을 이르는 말.

- 김구 선생님은 "우리의 목적은 조국 독립의 그날까지 심신을 단련하고 절차탁마하며 왜적을 비롯한 민족의 적에 맞서 결사 투쟁하는 것이오" 하고 독립군들 앞에서 말했어요.

좌우명

 어느 날 공자가 제자들과 함께 제나라의 재상이었던 환공의 묘당을 찾았어. 묘당에는 환공이 살았을 때 보던 책이나 입던 옷, 사용하던 물건들이 쭉 진열되어 있었어. 공자는 그 물건들 가운데 반쯤 기울어져 있는 술독을 신기하게 바라보았어. 그 술독에는 '좌우명'이라고 쓰여 있었지.
 "정말 신기하구나. 독이나 항아리는 똑바로 서 있게 마련인데, 저렇게 기울어져 있다니!"
 묘당을 관리하던 사람이 설명해 주었어.
 "환공께서는 이 술독을 늘 가까이 두고 아끼셨습니다. 이 술독에 술을 부으면 반쯤 찼을 때, 저절로 똑바로 섭니다. 그러다 술이 가득 차면 다시 기울어져 버리지요."
 공자는 제자들을 시켜 그 술독에 물을 부어 보게 했어. 그러자 술독이 서서히 움직이더니 똑바로 섰다가 술이 가득 차자 옆으로 기울어지는 거야. 공자는 크게 감탄했지.

"역시 환공이로구나. 공부도 이 술독과 같다. 공부를 끝마쳤다고 교만하게 굴면, 이 술독이 가득 찼을 때 기울어지는 것처럼 나쁜 일을 겪게 될 것이다."

공자는 집에 돌아와 환공의 술독과 똑같은 술독을 만들어 곁에 두었어. 술독에 '좌우명'이라고 써 놓고 늘 겸손한 마음을 잃지 않으려고 노력했지.

이처럼 '좌우명'이란 살아가면서 꼭 마음에 새겨 두고 지키려고 하는 생각이나 좋은 말을 뜻한단다.

《순자》 유좌편

좌우명 座右銘

座 자리 좌, 右 오른쪽 우, 銘 새길 명

'오른쪽 자리에 새겨 둔다'는 뜻으로, 늘 자리 옆에 갖추어 두고 가르침으로 삼는 말을 가리키는 말.

- 나는 '성실'을 내 좌우명으로 삼았다.
- 그는 벽에다 좌우명을 써 붙이고 따라 하려 애썼다.

형설지공

　차윤은 밤이 깊도록 책을 읽었어. 갑자기 등불이 꺼졌어. 등잔에 기름이 다한 것이야.
　"휴, 기름 살 돈이 없으니 이제 밤에는 책을 읽지 못하겠구나."
　하지만 넉넉지 않은 살림에 좀처럼 기름 살 돈은 생기지 않았어. 낮에는 일이 바빠 도저히 책 볼 틈이 없었지.
　어느 날 캄캄한 밤중에 혼자 집으로 돌아오던 길이었어. 풀숲을 지나는데 차윤의 발길에 놀란 반딧불이 수십 마리가 화르르 날아올랐어. 그러자 주변이 대낮처럼 환하게 밝아졌지.
　차윤은 반딧불이 수십 마리를 잡아 얇은 명주 주머니에 모았어. 그러고는 명주 주머니에서 나오는 반딧불이 불빛을 등불 삼아 열심히 공부해서 상서랑이라는 높은 벼슬에 올랐대.

손강 역시 책을 좋아했지만, 집안이 가난하기는 마찬가지였어.

"해가 지면 책 한 권도 제대로 볼 수가 없구나."

손강은 답답한 마음에 방에서 나왔어. 저녁에 내린 눈에 달빛이 반사되어 주변이 환했어. 손강은 얼른 들어가 책을 가지고 나왔어. 눈빛에 비추어 보니 글자들이 제법 잘 보였어. 손강은 추위에 떨면서도 그렇게 책을 읽으며 공부했어. 훗날 어사대부라는 높은 벼슬에 올랐지.

차윤과 손강처럼 어려운 처지에서도 열심히 공부하는 것을 두고 사람들은 '형설지공'이라고 부르게 되었단다.

《진서》 차윤전, 손강전

형설지공 螢雪之功

螢 반딧불이 형, 雪 눈 설, 之 어조사 지, 功 공 공

'반딧불이와 눈의 빛으로 쌓은 공'이라는 뜻으로, 가난을 이기고 어렵게 공부해서 성공한 것을 이르는 말.

- 그는 형설지공으로 열심히 공부했다.

화룡점정

중국 양나라에 장승요라는 화가가 있었는데, 사물을 실물과 정말 똑같이 그려 내는 화가로 매우 유명했어. 하루는 안락사란 절에서 벽에 용을 그려 달라는 부탁을 받았어.

장승요는 먹구름을 헤치고 하늘로 솟아오르려는 용 한 쌍을 비늘 하나하나까지 살아 있는 듯이 열심히 그려 냈어.

그런데 이상한 일이었어. 용의 눈에 눈동자가 없었던 거야. 사람들이 장승요에게 물었지.

"왜 눈동자를 그려 넣지 않는 거요?"

"눈동자를 그려 넣으면 용들이 하늘로 올라가 버릴 것이오."

사람들은 장승요의 말을 믿을 수 없었어. 그래서 용의 눈에 눈동자를 그려 넣으라고 마구 졸라 댔지. 장승요는 하는 수 없이 붓에 먹을 찍어 용 한 마리의 눈에만 눈동자를 그려 넣었어.

그러자 이게 웬일이야? 갑자기 우렛소리가 들리고 번개가 치더니, 그림 속의 용이 벽면에서 튀어나와 공중으로 솟아오르더니 구름을 타고 먼 하늘로 날아가 버렸어. 깜짝 놀란 사람들이 정신을 차린 후 벽을 살펴보니 날아간 용의 자리는 비어 있었으나 눈동자를 그려 넣지 않은 다른 용은 그대로 남아 있었어.

이때부터 중요한 일에서 마지막 마무리를 하는 것을 '화룡점정'이라고 부르게 되었단다.

《수형기》,《역대명화기》 장승요

화룡점정 畫龍點睛

畫 그림 화, 龍 용 룡, 點 점 점, 睛 눈동자 정

'용을 그린 다음 마지막으로 눈동자를 찍는다'는 뜻으로, 무슨 일을 할 때 가장 중요한 부분을 완성함을 이르는 말.

- 9회 말 만루 홈런이야말로 야구에서는 화룡점정이지.
- 서영이는 화룡점정하는 마음으로 정성을 다해 마지막 문장을 썼어요.

환골탈태

시가 지닌 뜻은 무궁하지만, 인간의 재주는 유한하지. 유한한 재주로 무궁한 시의 뜻을 다 따르는 것은 도연명이나 두보처럼 훌륭한 시인이라도 할 수 없는 일이야. 그래서 시인들은 옛 시의 뜻을 바꾸지 않고 표현을 바꾸는 환골법을 사용하거나, 표현은 바꾸지 않고 시의 뜻만 조금 바꾸는 탈태법을 사용해.

예를 들어,
"푸른 하늘 끝난 데로 외로운 기러기 사라지네."
이 구절을
"흰 새 날아간 곳으로 푸른 하늘 돌아온다."
이렇게 바꾸는 것이 환골법이야. 그리고
"술 대한 장년의 몸, 취한 모습 서리 맞은 이파리 같아. 붉어도 봄은 아니네!"
이 구절을

"아이는 붉은 얼굴에 괜히 즐거워하나, 씩 웃고 마니 취해서 붉은 줄 어찌 알리?"

 이렇게 바꾸는 것이 탈태법이란다.

 '환골탈태'란 이처럼 원래는 시를 쓰거나 고치는 방법에 관한 말이었으나, 요즘에는 '사람이 완전히 달라져서 아주 훌륭한 사람이 되었을 때' 주로 쓰는 말이 되었단다.

《냉재야화》

환골탈태 換骨奪胎

換 바꿀 환, 骨 뼈 골, 奪 빼앗을 탈, 胎 아이 밸 태

'뼈대를 바꾸고 태를 벗긴다'는 뜻으로, 옛 시의 형식을 더 좋게 바꾸는 것, 나아가 사람이 보다 나은 방향으로 변해서 전혀 딴사람이 됨을 이르는 말.

- 환골탈태라고 하지만 사람이 달라져도 이렇게 달라질 수 있는 것인지 놀라울 뿐이었어.

우리는 살면서 수많은 어려움에 부딪힙니다. 그 어려움을 극복하고 무언가를 성취해 내는 사람, 그런 사람들 덕분에 우리 역사는 발전하고 사람들의 삶은 그만큼 더 행복해집니다. 어려움을 극복하는 사람들의 모습을 고사성어에서 찾아봅니다.

2장. 극복하는 사람

고육지책

 중국 위나라의 조조가 오나라의 손권을 치려고 백만 대군을 보냈어. 양자강을 사이에 두고 유명한 적벽대전이 벌어질 참이었지. 오나라의 노장 황개가 대장 주유를 찾아갔어.

 "조조의 군사들이 뱃멀미 때문에 배들을 쇠사슬로 묶어 놨다 하니 항복하는 체하며 다가가서 불을 지르면 어떻겠습니까?"

 "꾀 많은 조조가 거짓 항복을 믿겠소?"

 "고육지책을 쓰시지요. 제가 희생하겠습니다."

 다음 날 황개는, 조조는 이길 수 없으니 항복하자고 했어. 주유가 불같이 화를 냈어.

 "싸우기도 전에 사기를 떨어뜨리는 놈은 용서할 수 없다!"

 황개는 곤장 100대 형에 처해졌지만, 곤장 50대를 맞은 황개는 이미 살갗이 터지고 피투성이가 되어 기절하고 말았지. 정신을 차린 황개는 조조에게 항복 편지를 보냈어. 조조는 첩자들에게 이미 보고를 받은 터라 그 편지에 깜빡 속아 넘어갔지.

황개는 배에 마른풀과 마른나무를 싣고 안에 기름을 부은 뒤 휘장을 씌웠어. 동남풍이 거세게 불자 황개는 배들을 이끌고 조조가 있는 쪽으로 건너갔어.

"황개가 항복하러 온다!"

조조군 가까이 간 황개는 배들에 동시에 불을 놓았어. 바람이 강하여 조조군의 배들은 순식간에 불바다가 되며 아수라장으로 변했어. 결국 조조는 천하를 통일하겠다는 꿈을 접고 군사를 돌릴 수밖에 없었단다.

《삼국지연의》

고육지책 苦肉之策

苦 쓸 고, 肉 고기 육, 之 어조사 지, 策 꾀 책

'자기 몸을 상해 가면서까지 꾸며 내는 계책'이라는 뜻으로, 어려운 상태를 벗어나기 위해 어쩔 수 없이 꾸미는 계책을 이르는 말.

- 정부는 배춧값의 폭락이 뻔하기 때문에 농민들의 피해가 더 커지기 전에 공급량을 줄인다는 고육지책을 쓴 것이다.

권토중래

 중국 초나라의 항우는 한나라 한신에게 져서 부하를 모두 잃고 말았어. 한신은 항우를 잡으려고 산 곳곳에 병사들을 숨겨 놓았지. 항우는 무사히 탈출했지만, 앞에는 오강이라는 강이 가로막고 있었어. 목숨을 구하려면 오강을 건너 고향인 강동으로 가야 했지.

 배를 강 언덕에 대고 항우를 기다리던 부하가 항우에게 말했어.

 "강동은 땅이 사방 천 리이며 백성이 수십만이니 왕 노릇 하기에 충분합니다. 서둘러 강을 건너십시오. 배는 이것 한 척뿐이니 한나라 군대는 건너지 못합니다."

 항우는 쓴웃음을 지으며 말했지.

 "강동의 젊은이 8,000명과 함께 강을 건너왔는데, 지금은 한 사람도 돌아오지 못했네. 나 혼자 돌아가서 무슨 낯으로 강동의 부모 형제 들을 대하겠는가?"

 항우는 스스로 목숨을 끊고 말았어. 항우 나이 31살

이었지.

 항우가 죽은 지 천 년이 지난 어느 날, 당나라의 시인 두목이 항우의 장렬한 최후를 안타깝게 여겨 시로 남겼단다.

 이기고 지는 것은 전쟁에서 알 수 없는 것
 모욕을 안고 수치를 이겨 내는 것이 사나이라.
 강동의 젊은이 가운데는 인재가 많으니
 권토중래하면 결과는 알 수 없었으리.

《사기》 항우본기

권토중래 捲土重來

捲 말 권, 土 흙 토, 重 거듭 중, 來 올 래

'땅을 말아 일으킬 것 같은 기세로 다시 온다'는 뜻으로, 어떤 일에 실패한 뒤 힘을 가다듬어 다시 그 일을 시작하는 것을 이르는 말.

단기천리

관우가 조조에게 포로로 붙잡혔을 때의 일이야. 조조는 관우를 아주 극진하게 대접했어. 한번은 관우가 탄 말이 비쩍 마르자 그 까닭을 물었지.

"내 무거운 몸을 말이 견디지 못하는 듯합니다."

조조는 온몸에 붉은 털이 난 튼실한 말을 관우에게 주었어. 관우는 그 말이 적토마임을 알아보고 조조에게 두 번이나 크게 절하며 감사했지.

"금은보화를 보냈을 때는 그러지 않더니, 말 한 필에 그리 감사하는 까닭이 무엇이오?"

"적토마는 하루에 천 리를 간다고 들었습니다. 그러니 지금이라도 형님 소식을 듣는다면 이 말을 타고 하루 만에 갈 수 있지 않겠습니까?"

조조는 이 말을 듣고 적토마를 준 것을 후회했지.

어느 날 관우는 유비 소식을 듣고, 떠날 준비를 갖추

고 조조를 찾았어. 조조는 일부러 관우를 피했지. 의리와 예의를 아는 관우가 인사도 없이 떠나지 않으리라는 사실을 알았기 때문이야. 관우는 하는 수 없이 떠나겠다는 편지를 남겼단다. 조조의 부하들은 관우 뒤를 쫓으려고 했으나, 조조는 옛 주인을 잊지 않는 관우를 칭찬하면서 부하들을 말렸어.

관우는 유비에게 찾아가기 위해 조조의 맹장들이 지키고 있는 다섯 관문을 돌파하면서 장수 여섯을 베었다고 해.

이처럼 '단기천리'란 어려움이 많음에도 불구하고 목표를 이루기 위해 최선을 다한다는 말이야.

《삼국지연의》

단기천리 單騎千里

單 홑 단, 騎 말 탈 기, 千 일천 천, 里 마을 리

'한 마리 말을 타고 천 리를 달린다'는 뜻으로, 목적을 이루기 위해 겹겹이 쌓인 난관을 꿋꿋이 돌파함을 이르는 말.

• 단기천리하듯, 1년 동안 잠을 줄여 가며 열심히 공부했다.

등용문

 중국의 황허강 상류에 용문이라는 좁은 계곡이 있어. 이 계곡은 물살이 어찌나 거센지 크고 힘센 물고기라도 여간해선 오르기가 힘들다고 해. 그런데 힘들고 어려운 과정을 거쳐 일단 계곡을 오른 물고기는 용이 된다는 전설이 있지. 그만큼 용문을 오르기가 어렵다는 뜻이고, '용문에 오른다'는 것은 매우 어려운 관문을 돌파하고 약진할 기회를 얻는다는 뜻이겠지?

 중국의 후한 시대에는 환관들의 힘이 커져서 충신들이 기를 펴지 못했어. 환관이란 왕의 시중을 드는 남자 관리, 즉 내시들을 말해. 그런데 이런 때에도 뜻을 굽히지 않고 불의에 맞서 환관들과 싸웠던 이가 있었어. 바로 이응이란 사람이었지.
 이응은 환관들의 미움을 사 옥에 갇히기도 했어. 하지만 나중에는 지금의 경찰청장 같은 자리에 올라 파렴치

한 환관들과 계속해서 싸워 나갔지. 아무도 선뜻 나서지 않는 어렵고 힘든 일을 하나씩 처리해 나가니 이응의 이름이 널리 퍼지기 시작했어.

모든 관리가 이응이라면 고개를 끄덕거리며 칭찬을 했지. '천하의 모범은 이응이다'라고 할 정도였으니까.

젊은 관리들은 이응을 아는 것만으로도 용문에 오른 것처럼 굉장한 일이라고 생각했어. 더구나 이응의 추천을 받으면 최고의 명예라고 여기며, 이것을 바로 '등용문'이라고 불렀다고 해.

《후한서》 이응전

등용문 登龍門

登 오를 등, 龍 용 룡, 門 문 문

'용(龍) 문(門)에 오른다(登)'는 뜻으로, 어려운 관문을 통과하여 크게 출세함 또는 출세에 이르는 문.

- 각 일간지의 신춘문예는 젊은 소설가들의 등용문이다.

배수진

　중국 한나라의 명장 한신이 군사 수만 명을 이끌고 조나라를 치려고 했어. 조나라는 군사 20만 명을 동원해서 방어에 나섰지.
　한신은 병사 2,000명에게 붉은 기를 하나씩 가지고 산속에 숨어서 조나라 군사를 살펴보라고 명령을 내렸어.
　"우리 군사가 달아나는 것을 보면 적군은 성벽을 비워 놓고 우리 뒤를 쫓아올 것이야. 그때 너희들은 성벽에 한나라의 붉은 기를 세워라."
　한신은 군사 1만 명에게 먼저 가서 강을 등지고 진을 치라고 명령했어. 조나라 군사들은 이것을 보고 진을 치는 기본도 모른다며 마구 비웃었지.

　날이 밝자, 조나라는 성벽을 열고 나가 한나라와 한참 동안 격렬히 싸웠어. 그러다 한신은 기를 버리고 강가의 진지로 달아났어. 그러자 조나라 군대가 정말로 성벽을 비워 놓고 한나라 군대를 뒤쫓아 오는 거야. 진지에 도달한 한나라 군대는 적을 물리치지 못하면 강에 빠져 죽으니 목숨을 걸고 열심히 싸웠지.

  산속에 숨어 있던 한나라 군사는 성벽이 비자, 조나라 깃발을 모조리 뽑고 한나라 깃발 2,000개를 성벽에 꽂았어. 한신을 잡기는커녕 한나라 군대에 밀려 성으로 돌아온 조나라 군사들은 이것을 보고 이미 성을 한나라에 빼앗겼다고 착각하고는 달아나기에 바빴지.

  한신은 이렇게 물을 등지고 진을 친 덕분에, 즉 '배수진'을 친 덕분에 대승을 거두었단다.

《사기》 회음후열전

배수진 背水陣

背 등 배, 水 물 수, 陣 진 칠 진

'강이나 바다를 등지고 치는 진'이라는 뜻으로, 어떤 일을 성취하기 위해서는 더 이상 물러설 수 없음을 이르는 말.

- 이번 경기에서 지면 탈락이 확정되기 때문에 두 팀 모두 배수진을 치고 시종일관 공격적인 경기를 펼쳤다.

사면초가

 중국 초나라의 항우가 한나라 유방에게 쫓기고 있었어. 항우는 해하에서 한나라 군대에 몇 겹으로 포위를 당했지. 밤이 되자 사방에서 초나라 노랫소리가 들리지 뭐야. 항우는 깜짝 놀랐어.
 "한나라가 이미 초나라를 손에 넣었던 말인가? 초나라 사람들이 어찌 이리 많단 말인가?"
 항우는 비통한 심경으로 노래를 지어 불렀지.

　힘은 산을 뽑을 만하고 기개는 온 세상을 덮을 만하건만
　때가 불리하고 추 또한 달리려 하지 않네.
　추가 달리려 하지 않으니 이를 어쩔거나?
　우여, 우여! 너는 또 어쩔거나?

 추는 항우가 타고 다니는 말이고, 우는 사랑하는 여인

우희를 말하는 거야. 항우는 몇 번이고 이 노래를 부르며 눈물을 떨구었어. 그러자 좌우 모두가 눈물을 흘리며 차마 서로를 쳐다보지 못했지.

　항우와 부하 800여 명은 곧바로 말에 올라 포위망을 뚫고 남쪽 오강으로 달려갔어. 한나라 군사들 5천 기병이 추격했지. 오강에 도착하니, 부하들은 겨우 28명이 남아 있었어. 항우와 부하들은 마지막 힘을 다해 한나라 군사들과 싸웠어. 항우는 혼자서 적군 수백 명을 죽였지만, 결국 자기 목을 찔러 스스로 죽었단다.

《사기》 항우본기

사면초가 四面楚歌

四 넉 사, 面 얼굴 면, 楚 초나라 초, 歌 노래 가

'사방에서 들려오는 초나라 노래'라는 뜻으로, 아무에게도 도움을 받지 못하거나 외롭고 곤란한 지경을 이르는 말.

- 성 밖에도 적, 성안에도 적, 그야말로 사면초가였다.

와신상담

중국의 오나라와 월나라는 늘 원수처럼 지냈어. 한번은 오나라 왕 합려가 월나라 왕 구천과 싸우다가 손가락에 화살을 맞았는데, 이 상처가 악화되어 죽게 되었어.

합려가 아들 부차에게 말했지.

"구천을 죽여 꼭 이 아비의 원수를 갚아 다오!"

부차는 아버지의 복수를 하겠다는 맹세를 잊지 않으려 딱딱한 땔나무 위에서 잠을 자고, 아침저녁으로 신하들에게 이렇게 외치도록 했지.

"부차야, 구천을 죽여 꼭 이 아비의 원수를 갚아 다오!"

부차가 복수의 칼을 갈고 있다는 말을 듣고, 월나라 구천이 먼저 싸움을 걸어왔어. 하지만 오나라에 도리어 지고 말았지. 구천은 부차에게 목숨을 구걸할 수밖에 없었어.

"이제부터 오나라 신하가 되겠소."

말을 돌보는 일을 하다가 3년 만에 월나라로 돌아온 구천은 치욕을 갚으려고 이를 갈았지. 머리맡에 쓸개를 달아 놓고, 앉으나 서나, 밥을 먹을 때도 쓰디쓴 쓸개를 핥았어.

"너는 지난날에 당한 치욕을 잊었느냐?"

복수를 다짐하며 기회를 노리기를 12년, 오나라가 빈틈을 보이자 월나라는 무섭게 공격해 들어갔어. 그리고 또 7년 뒤, 이번에는 구천이 부차를 이겼고, 부차는 스스로 목을 베어 죽고 말았단다.

《사기》 월왕구천세가

와신상담 臥薪嘗膽

臥 엎드릴 와, 薪 땔나무 신, 嘗 맛볼 상, 膽 쓸개 담

'땔나무 위에 눕고 쓸개를 맛본다'는 뜻으로, 마음먹은 일을 이루기 위해 온갖 어려움과 괴로움을 참고 견딤을 이르는 말.

- **와신상담**이라고. 그놈이 내게 한 짓을 절대 잊지 않겠어!

읍참마속

중국 촉나라의 제갈량에게는 위나라를 물리칠 작전이 있었으나 꼭 한곳이 불안했어. 바로 촉군의 식량을 옮기는 가정 지역이었지. 마속이 나섰어.

"제가 지키겠습니다. 오랫동안 병법을 배운 제가 가정 하나를 지키지 못하겠습니까?"

제갈량은 망설이지 않을 수 없었어. 마속은 어린 데다가 상대인 사마의는 지략이 아주 뛰어난 장수였거든. 하지만 마속이 계속 간청하자, 제갈량은 허락하고 말았단다.

"가정에는 삼면이 절벽인 산이 많으니, 산기슭의 길을 굳게 지키도록 하게."

가정에 도착한 마속은 가정의 지형을 꼼꼼히 살펴보았어. '그냥 지키는 것보다 적군을 유인하여 역공하는 것이 더 좋겠어.' 마속은 제갈량의 명을 어기고, 산 정상에 진을 치고 적군을 기다렸어. 하지만 위나라 군사들은 산기슭을 포위만 하고 위로는 올라올 생각도 하지 않았지. 시간이 흐르자, 마속의 군대는 식수와 식량이 떨어져 갔지만 보급을 받을 수도 없었어. 결국 포위망을 뚫고 빠져나가려다가 참패하고 말았지.

제갈량은 군율을 어긴 마속을 처형할 수밖에 없었단다.

"마속은 훌륭한 장수다. 그러나 사적인 정 때문에 군율을 어긴다면 마속보다 더 큰 죄를 짓게 된다. 아끼는 사람일수록 가차 없이 처단하여 대의를 바로잡아야 해."

마속이 형장으로 끌려갈 때, 제갈량은 소매로 얼굴을 가리고 마룻바닥에 엎드려 통곡했어.

《삼국지연의》

읍참마속 泣斬馬謖

泣 울 읍, 斬 벨 참, 馬 말 마, 謖 일어날 속

'울면서 마속을 벤다'는 뜻으로, 큰 목적을 위해 자기가 아끼는 사람을 버림을 이르는 말.

- 올바른 변화를 위해서는 읍참마속이 필요하다.

임기응변

 중국 진나라가 한창 혼란 속에 빠져 있을 때, 손초라는 젊은 학자가 살았어. 손초는 벼슬길에 나아가지 않고 산속에 숨어 살기로 작정하고 친구 왕제에게 말했어.
 "돌로 양치질하고 흐르는 물을 베개로 삼겠네."
 그러자 왕제가 웃으며 대답했어.
 "흐르는 물을 베개로 삼을 수는 없고, 돌로 양치질할 수도 없지."
 실수를 지적당해서 무척이나 자존심이 상한 손초는 얼른 둘러댔지.
 "흐르는 물을 베개로 삼겠다고 한 것은 허유처럼 귀를 씻기 위함이고, 돌로 양치질한다는 것은 이를 닦기 위함일세."
 허유는 순임금이 천하를 물려주겠다고 하자 이를 거절하고는 더러운 말을 들었다며 강물에 귀를 씻은 은자야. 손초가 임기응변에 뛰어났다는 것을 엿볼 수 있어.

제나라의 안영 또한 키는 작지만 임기응변에 능한 사람이었어. 안영이 초나라에 사신으로 갔을 때, 초나라 왕은 "안영같이 작은 사람을 사신으로 보낼 만큼 제나라에는 인물이 없느냐"고 비꼬았어.

안영은 "제나라는 어질지 못한 왕에게는 어질지 못한 사람을 사신으로 보내는데, 자신이 가장 어질지 못한 사람이라서 사신으로 오게 되었다"고 했지.

초나라 왕은 기분이 나빠 대문은 닫아 놓고 안영더러 작은 문으로 들어오라 했어. 안영이 "개의 나라에 들어갈 때나 개구멍으로 들어가는 것"이라고 하자, 초나라 왕은 어쩔 수 없이 대문을 열어 주었단다.

《진서》 손조선

임기응변 臨機應變

臨 임할 임, 機 틀 기, 應 응할 응, 變 변할 변

'어떤 일을 당해 적절하게 반응한다'는 뜻으로, 그때그때의 형편에 따라 그 자리에서 결정하거나 처리함을 뜻하는 말.

- 임기응변으로 위기를 넘기다.
- 단지 이 골치 아픈 친구를 피하려고 임기응변으로 꾸며 낸 대답에 지나지 않았으니까.

천재일우

중국 동진에 글재주가 뛰어났지만 생활이 어려워 배에서 짐꾼으로 일하던 원굉이라는 사람이 있었어.

어느 가을날 밤, 원굉은 강에 나가서 시를 한 수 읊었단다. 마침 사상이라는 귀족이 배를 띄우고 달구경을 하다 그 소리를 들었지. 사상은 목소리의 주인공을 찾게 했어. 이 인연으로 원굉은 벼슬에 나아가 동양군 태수가 되었지.

원굉은 위촉오 삼국의 이름난 신하 스무 명을 찬양하는 글에서 뛰어난 신하와 현명한 군주가 만나는 것이 얼마나 어려운 일인지 비유를 들어 말했어.

"말을 알아보는 사람을 만나지 못하면 천 년이 지나도 천리마는 한 마리도 나오지 못할 것이다. 현명한 군주와 뛰어난 신하의 아름다운 만남은 천 년에 한 번쯤 있는 기회이다. 만나면 어찌 기뻐하지 않으며, 잃으면 어찌 개탄하지 않겠는가?"

 '천재일우'란 이 글에서 비롯한 말이야. '천 년에 한 번 만난다'라는 뜻으로, 얻기 어려운 기회를 말해. 그래서 절대 놓치면 안 될 좋은 기회를 일컬어 '천재일우의 기회'라고 한단다.

《문선》 삼국명신서찬

천재일우 千載一遇

千 일천 천, 載 해 재, 一 한 일, 遇 만날 우

'천 년 동안 단 한 번 만난다'는 뜻으로, 좀처럼 만나기 어려운 좋은 기회를 이르는 말.

- 그 정치가는 천재일우의 시기를 맞이했다.
- 차츰 시간이 지나가자 임이는 천재일우의 기회를 놓친 것이 분하고 억울했다.

은혜를 잊지 않는 사람, 우정을 위해 자기를 희생하는 사람, 마음씨가 곱고 따뜻한 사람……. 모두가 아름다운 사람들입니다. 이들 때문에 세상은 더욱 살기 좋아집니다. 이들을 기리는 고사성어를 알아봅니다.

3장. 아름다운 사람

결초보은

중국 진나라에 위무자라는 사람이 있었는데, 병을 얻어 자리에 눕고 말았어.

"나의 첩 조희를 내 무덤에 같이 묻어라."

그 시절에는 남자가 죽으면 아내와 첩을 같이 묻는 풍습이 있었어. 그러나 아들 위과는 아버지가 죽은 뒤, 조희가 다른 사람과 결혼하여 행복하게 살게 해 주었단다.

몇 년 뒤, 위과는 진나라 장수로서 전쟁에 나가게 되었어. 그런데 적장 두회가 너무나 강해서 위과는 죽을힘을 다해 도망치기 시작했지.

이때 갑자기 어디선가 한 노인이 나타나, 전쟁터에 나 있던 풀들을 열심히 묶는 거야. 그러자 두회가 이끄는 말들이 묶여 있는 풀에 걸려 넘어지고 두회마저 풀에 걸려 넘어졌어. 이 틈을 타 위과는 두회를 사로잡고 싸움에서 크게 이길 수 있었단다.

그날 밤 위과는 이상한 꿈을 꾸었어. 머리와 수염이 허연 노인이 나타나 머리를 조아리며 말하는 게 아니겠어?

"나는 조희의 아비라오. 그대 덕분에 내 딸이 죽지 않고 행복하게 살게 되어 꼭 은혜를 갚고 싶었는데, 오늘에야 조금이나마 그 은혜를 갚게 되었소."

잠에서 깨어난 위과는 이 꿈 이야기를 주변 사람들에게 들려주었어. 사람들은 풀을 묶어서 은혜를 갚았다는 뜻으로 '결초보은'이라고 부르며 무척 신기하게 여겼단다.

《춘추좌씨전》 손공 15년조

결초보은 結草報恩

結 맺을 결, 草 풀 초, 報 갚을 보, 恩 은혜 은

'풀을 묶어서 은혜를 갚는다'라는 뜻으로, 무슨 일을 해서든지 잊지 않고 은혜에 보답한다는 말.

- 영감님이 제게 베풀어 주신 은혜는 죽어서도 잊을 수 없을 것입니다. 저승에 가서라도 결초보은을 하리다.

관포지교

중국 제나라에 관중과 포숙이라는 두 친구가 있었어. 제나라 왕 양공이 살해되자, 규와 소백 두 왕자가 서로 왕위에 오르기 위해 다툼을 벌였지. 규는 관중을 보내 소백을 죽이려 했어. 그러나 관중이 쏜 화살은 소백의 허리띠에 맞아 소백은 목숨을 구했고 왕이 되었지. 소백에게 잡힌 규는 자결하고 관중은 옥에 갇혔어.

그런데 포숙은 왕더러 관중을 신하로 쓰라고 추천하는 거야.

"전하, 전하께서 제나라에 만족하신다면 저만 있어도 충분할 것입니다. 그러나 천하의 주인이 되고자 하신다면 관중 외에는 인물이 없을 것입니다. 부디 그를 등용하십시오."

관중은 재상이 되고, 관중 덕분에 소백은 더 큰 권력을 쥐게 되었지.

관중은 말했어.

"내가 일찍이 포숙과 함께 장사를 했는데, 내가 더 이익을 많이 가져갔다. 그래도 포숙은 나를 욕심쟁이라고 하지 않았다. 내가 가난함을 알고 있었기 때문이다. 내가 사업을 하다가 실패했어도 포숙은 나를 어리석다고 말하지 않았다. 세상 흐름에 따라 성공할 수도 있고 실패할 수도 있음을 알았기 때문이다. 내가 벼슬길에 세 번 나아갔다가 번번이 쫓겨났으나 포숙은 나를 무능하다고 말하지 않았다. 내가 시대를 만나지 못했음을 알았기 때문이다. 내가 싸움터에 나가 세 번 모두 패하고 도망쳤지만 포숙은 나를 겁쟁이라고 비웃지 않았다. 내게 늙으신 어머니가 계심을 알았기 때문이다. 나를 낳은 이는 부모님이지만, 나를 알아준 이는 포숙이다."

《사기》 관안열전

관포지교 管鮑之交
管 피리 관, 鮑 절인 어물 포, 之 어조사 지, 交 사귈 교
'관중과 포숙의 사귐'이란 뜻으로, 우정이 아주 돈독한 친구 사이를 이르는 말.

- 관포지교를 나눌 친구가 있다면 얼마나 좋을까?

금상첨화

'금상첨화'는 중국 송나라 때의 유명한 시인 왕안석이 만년에 지은 시 '즉사'(눈앞의 사물을 대함)에서 유래한 표현이야.

강은 남쪽 정원으로 흘러 기슭 서쪽으로 기우는데
바람은 수정처럼 빛나고 이슬은 꽃처럼 화려하네.
문 앞 버드나무는 옛 도령 댁이요
우물가 오동나무는 옛 총지 가문이라.
좋은 초대 받아 술잔을 거듭하니
아름다운 노래는 비단 위에 꽃을 더함이네.
문득 무릉의 술과 안주의 객이 되니
냇물 원류에는 미처 노을이 붉지 않네.

좋은 친구들과 술잔을 기울이는 것만 해도 즐거운데 거기에다 흥겨운 노랫가락까지 울려 퍼지니 비단 위에 꽃을 수놓은 듯 더 즐거웠겠지?

'금상첨화'는 이처럼 '좋은 것 위에 더 좋은 것을 더한다'라는 뜻이야.

《즉사》

금상첨화 錦上添花

錦 비단 금, 上 위 상, 添 더할 첨, 花 꽃 화

'비단 위에 꽃을 더한다'는 뜻으로, 좋은 일 위에 또 좋은 일이 더해짐을 이르는 말.

- 소연이는 공부를 아주 잘하는 아이였다. 게다가 운동까지 잘하니 금상첨화라 할 수 있었다.

동병상련

 중국 오나라에 오자서와 백비라는 두 신하가 있었어. 두 사람은 본디 초나라 사람이었지만 오나라 왕을 섬긴 데는 그럴 만한 이유가 있었대.
 오자서의 집안은 대대로 초나라에 충성을 다한 가문이었어. 그런데 아버지와 형이 누명을 쓰고 죽은 뒤, 집안은 풍비박산이 나고 말았지. 오자서만 갖은 고생 끝에 겨우 오나라로 도망쳐 온 거야. 다행히 오나라 왕 합려는 오자서의 능력을 알아보고 함께 나랏일을 논하게 되었어.

 백비의 집안 역시 비슷한 일을 당했어. 그래서 백비도 오자서와 마찬가지로 초나라를 떠나 오나라로 도망쳐 온 거야. 이런 백비를 동정한 오자서는 오나라 왕 합려에게 말해 대부 벼슬을 받게 해 주었지. 그러자 피리라는 사람이 오자서의 경솔함을 탓했어.

"백비를 한 번 보고 어찌 그토록 믿는 거요?"

"백비는 우리 집안과 비슷한 모함을 받아 도망쳐 온 사람입니다. 우리는 둘 다 초나라 왕에게 원한을 품고 있습니다. '하상가'라는 노래에 이런 구절도 있지 않소? '같은 병을 앓으니 서로 불쌍히 여기고 같은 걱정이 있으니 서로 구해 주네. 놀라서 나는 새들은 서로 모여서 날아가고 여울 밑의 물도 함께 모여 흐르네.' 우리는 같은 아픔을 겪었으니 서로 도와야 합니다."

두 사람은 오나라 왕 합려를 도와 마침내 초나라 수도를 함락하면서 오랜 원한을 풀었어.

《오월춘추》 합려내전

동병상련 同病相憐

同 한가지 동, 病 병 병, 相 서로 상, 憐 불쌍히 여길 련

'같은 병을 앓는 사람끼리 서로 가엾게 여긴다'는 뜻으로, 어려운 처지에 있는 사람끼리 서로 가엾게 여김을 이르는 말.

- **동병상련**이라고 어려운 처지를 당해 보아야 남을 생각할 줄도 알게 되는 법이다.

명경지수

중국 노나라에 왕태라는 선비가 있었어. 왕태는 어쩌다 죄를 짓고 한쪽 발이 잘리는 형벌을 받았지. 그런데도 공자만큼이나 따르는 제자가 많았다고 해.

공자의 제자 상계가 물었어.

"선생님, 왕태는 전과자에 발도 하나 없는 사람인데도, 따르는 제자가 놀라울 정도로 많습니다. 저는 그 까닭이 무엇일까 하고 관심 있게 지켜보았지만, 왕태는 서 있어도 가르치지 않고 앉아 있어도 대화하는 법이 없습니다. 그런데도 사람들은 빈 마음으로 그를 찾아갔다가 뭔가 가득 얻어 돌아온다고 합니다. 왕태는 도대체 어떤 사람입니까?"

공자가 대답했어.

"그분은 성인이다. 나는 앞으로 그분을 스승으로 삼으려고 한다."

"자신의 마음으로 변함없는 본심을 터득했다고는 하

나, 결국 자기 자신을 위해서 한 일이 아닙니까? 왜 사람들이 그분에게 모여들까요?"

"사람은 흐르는 물을 거울로 삼지 말고, 멈추어 고요히 있는 물을 거울로 삼아야 하느니라. 오직 고요한 것만이 고요하기를 바라는 모든 것을 고요하게 할 수 있느니라."

정나라의 현인 신도가도 말한 적이 있다고 해.

"거울이 밝으면 먼지가 끼지 못하고, 먼지가 끼면 거울이 밝지 못하다. 사람도 오랫동안 현자와 함께 있으면 마음이 맑아져 허물이 없어지느니라."

《장자》 덕충부

명경지수 明鏡止水

明 밝을 명, 鏡 거울 경, 止 그칠 지, 水 물 수

'밝은 거울과 고요한 물'이라는 뜻으로, 잡념과 가식과 헛된 욕심 없이 맑고 깨끗한 마음을 가리키는 말.

- 그분은 명경지수와 같아서 그분 옆에 있으면 내 옹졸한 마음이 금세 드러나고 만다.

문경지교

 조나라의 인상여는 화씨벽이라는 값진 구슬을 지킨 공로로 높은 벼슬에 올랐어. 염파는 이를 매우 불쾌하게 여겼지.
 "나는 전쟁에서 큰 공을 세우고, 인상여는 혀를 조금 놀렸을 뿐인데 나보다 지위가 높다! 괘씸한 놈, 만나기만 하면 큰 망신을 줄 테다!"
 이 말을 들은 인상여는 염파를 피해 다니기 시작했어. 조회가 있을 때도 병이 났다며 나가지 않고, 외출할 때도 염파가 보이면 얼른 숨었어. 인상여의 부하들은 화가 치밀었지.
 "나리께서는 염파가 두려워 숨기만 합니다. 저희는 너무 부끄러워 떠날까 합니다."
 인상여가 이들을 완강하게 붙들었어.
 "그대들은 염파와 진나라 왕 중 누가 더 무서운가?"
 "진나라 왕이 훨씬 더 무섭지요."

"진나라가 우리를 공격하지 못하는 것은 나와 염파가 버티고 있기 때문이다. 두 호랑이가 서로 싸운다면 어떻게 되겠는가? 나는 나라를 생각해서 염파를 피하는 것일세."

부하들은 비로소 눈물을 글썽거리며 속 좁은 행동을 뉘우쳤어. 부끄러움을 느낀 염파도 웃통을 벗고 가시 채찍을 등에 진 채, 인상여에게 용서를 빌었어.

"비천한 저는 장군께서 이토록 너그러우신 줄 몰랐습니다. 나를 때려 주시오."

두 사람은 마침내 화해하고 문경지교를 맺어 죽는 날까지 뜻을 함께했단다.

《사기》 염파인상여열전

문경지교 刎頸之交

刎 목 벨 문, 頸 목 경, 之 어조사 지, 交 사귈 교

'목을 베어 줄 수 있는 사이'라는 뜻으로, 생사를 같이할 수 있는 아주 가까운 사이를 이르는 말.

- 문경지교의 벗이 평생에 단 한 명이라도 있다면 성공한 삶을 살았다 해도 좋을 것이다.

반포지효

중국 진나라 왕 무제는 이밀에게 높은 벼슬을 내렸어. 그런데 이밀이 자기는 늙은 할머니를 모셔야 한다면서 벼슬을 사양하는 거야. 그러자, 무제는 크게 화를 냈지.

"뭐라고? 다른 왕은 섬겼으면서 나는 섬기지 않겠다는 말이냐?"

이밀은 자신을 까마귀에 비유하면서 대답했어.

"아닙니다. 한낱 미물인 까마귀도 반포지효가 있습니다. 사람으로 태어난 제가 늙으신 할머니를 끝까지 봉양할 수 있도록 넓은 마음으로 헤아려 주십시오."

까마귀가 새끼일 때는 어미가 먹이를 물어다 주지만, 새끼가 다 자라면 먹이 사냥에 힘이 부친 어미를 먹여 살린다고 해. 까마귀가 어미를 되먹이는 습성을 '반포'라고 하는데, 이 때문에 '반포'가 극진한 효도를 의미하는 말이 되었지.

조선 시대의 박효관이란 사람이 지은 시조에도 이 표현이 등장하는데, 한번 읽어 볼까?

뉘라서 까마귀를 검고 흉타 하돗던고.
반포보은이 그 아니 아름다운가.
사람이 저 새만 못함을 못내 슬퍼하노라.

《진정표》

반포지효 反哺之孝

反 되돌릴 반, 哺 먹을 포, 之 어조사 지, 孝 효도 효

'까마귀 새끼가 자라서 늙은 어미에게 먹이를 물어다 주는 효도'라는 뜻으로, 자식이 자란 후에 어버이의 은혜를 갚는 효성을 이르는 말.

• 부모를 반포지효로 모시는 것은 자식의 마땅한 도리이다.

살신성인

공자께서 말씀하셨어.

"뜻 있는 선비와 어진 사람은 살기 위하여 인(仁)을 해치는 일이 없고, 오히려 자신의 목숨을 바쳐 인(仁)을 행할 뿐이다."

도의심이 강하고 의지가 강한 사람이나 덕을 갖춘 사람은 목숨과 인(仁) 가운데 하나를 지킬 수 없을 때는 생명을 아끼느라 인을 저버리지 않는다는 거야. 오히려 목숨을 희생하면서까지 인을 행한다는 거지. 인을 닦는 일은 스승에게도 양보하지 않는다고 했어.

'인'은 공자가 가장 중요시했던 덕목이야. 다른 사람을 대할 때 자비와 사랑으로 대하는 것, 이것이 '인'이라고 했어. 곧 우리가 불쌍한 사람에게 갖는 동정심이 바로 '인'이라는 거야. '인'은 우주 만물의 본질인 만큼 군자가 맨 먼저 익혀야 할 덕목이기도 하단다.

'살신성인'은 꼭 목숨을 바쳐야 한다는 말이 아니라, 자신의 고통을 감수하며 이웃에 봉사하거나 자신의 이익을 양보하여 남을 위하는 경우에도 사용할 수 있는 말이란다.

《논어》 위령공편

살신성인 殺身成仁
殺 죽일 살, 身 몸 신, 成 이룰 성, 仁 어질 인

'자기 몸을 희생하여 어진 삶을 이룬다'는 뜻으로, 큰 뜻이나 다른 사람을 위해 자신을 희생하는 것을 이르는 말.

- 그 소방대원은 살신성인의 희생정신을 보여 주었다.

죽마고우

　환온과 은호는 어릴 적부터 친한 친구였어. 어른이 된 환온은 황제도 두려워할 만큼 큰 권력을 차지하게 되었어. 황제는 환온에게 잘 보이려고 환온의 친구인 은호를 조정으로 불렀지.
　은호는 재주가 뛰어나고 세상 평판도 좋아 조정에서 이미 몇 번이나 은호를 불렀지만 그때마다 거절하고 초야에 묻혀 있었단다. 하지만 거듭해서 은호를 찾자, 더는 물리치지 못하고 벼슬길에 나아갔어. 그런데 환온과 은호는 서로 의견이 맞지 않아 사사건건 서로 싸웠단다.
　그 무렵 오랑캐 땅에서 다툼이 일어나 나라가 소란스러워졌어. 은호는 군사를 이끌고 갔지만 제대로 싸우지도 못하고 대패했지. 이를 구실로 환온은 상소를 올려 은호를 쫓아 버렸어.
　세월이 흐른 뒤, 환온이 옛정을 생각해 은호를 다시 부르려고 편지를 보냈지. 크게 기뻐한 은호는 정성껏 답

장했는데 실수로 그만 봉투만 보냈지 뭐야. 은호가 자기를 우습게 본다고 여긴 환온은 크게 화가 났고 결국 은호를 유배지에서 죽이고 말았어.

환온은 여러 사람에게 말했지.

"나는 어릴 때 은호와 함께 죽마를 타고 놀았는데, 은호는 내가 타다 버린 죽마를 주워서 노는 아이였다. 그러므로 그가 내 밑에 있는 것은 당연한 일이다."

죽마는 대나무로 만든 말로 옛날 어린이들이 타고 놀던 장난감이야. 그래서 어릴 때부터 같이 놀며 자란 친한 벗을 일컬어 '죽마고우'라고 한단다.

《진서》 은호전

죽마고우 竹馬故友

竹 대 죽, 馬 말 마, 故 옛 고, 友 벗 우

'대나무 말을 타고 놀던 벗'이라는 뜻으로, 어릴 때부터 같이 놀며 자란 벗을 이르는 말.

- 두 사람은 죽마고우처럼 마음을 터놓고 이야기하거나 자기가 살았던 일을 송두리째 털어놓고 있었다.

지음

옛 중국에 백아라는 거문고의 명인이 있었어. 백아에게는 종자기라는 친한 친구가 있었지.

백아가 높은 산에 오르고 싶은 마음으로 거문고를 타면 종자기는 옆에서, "참으로 근사하구나. 하늘을 찌를 듯한 산이 눈앞에 나타났어" 하고 말했어.

또 백아가 흐르는 강물을 생각하며 거문고를 타면 종자기는 "기가 막히다. 유유히 흐르는 강물이 눈앞을 지나가는 것 같구나" 하고 감탄했지.

세월이 흘러 종자기가 먼저 죽자 백아는 거문고 줄을 끊은 다음 다시는 거문고를 타지 않았다고 해. 이제 이 세상에는 자기 거문고 소리를 알아줄 '지음'이 없다고 생각한 거야.

조선의 중종 임금은 연산군 시대에 흐트러진 민심을 추스르고 새로운 정치 질서를 세우려고 했어. 이때 등용한 인물이 젊은 조광조였는데, 조광조는 중종의 신임을 바탕으로 좋은 정치를 해 보고자 했지. 하지만 뜻을 이루지 못하고 37세라는 젊은 나이에 세상을 떠났단다. 조광조가 쓴 〈영금〉이라는 시에도 백아와 종자기가 등장하지.

> 좋은 거문고 조율하여 오래된 음조를 타니
> 귀 막힌 속인들 들을 뿐 알지 못하네.
> 슬프고도 슬프다, 종자기 이미 사라졌으니
> 세상 누가 백아의 마음을 알아줄 것인가?
>
> 《열자》 탕문편

지음 知音

知 알 지, 音 소리 음

'소리를 알아듣는다'라는 뜻으로, 마음이 서로 통하는 친한 벗을 이르는 말.

- 평생 동안에 한 명의 지음이라도 만나기란 어려운 일이다.

우리 친구들 가운데는 공부를 아주 잘하는 친구, 운동을 아주 잘하는 친구, 그림을 아주 잘 그리거나 노래를 잘하는 친구 등등, 아주 뛰어난 친구들이 있어요. 우리는 그런 친구들을 보고 놀라거나 때로는 부러워하지요. 옛날에는 어떤 뛰어난 사람들이 있었을까요?

4장. 뛰어난 사람

괄목상대

중국 오나라 손권의 부하 가운데 여몽이라는 장수가 있었어. 여몽은 집이 가난해 제대로 글을 배우지 못했지. 하지만 용맹이 뛰어나 수많은 전공을 세워 장군이 되었단다.

하루는 손권이 여몽을 불렀어.

"그대는 앞으로 이 나라에 큰일을 할 사람이오. 그러니 글을 읽어 학문을 쌓으면 좋겠소."

"군사 일로 쉴 새 없이 바쁘니 글 읽을 시간이 없습니다."

"장군, 그대가 바쁘기로 나만큼 바쁠까. 한나라 광무제는 전쟁 중에도 손에서 책을 놓지 않았고, 위나라 조조도 스스로 배우기를 좋아한다 하오. 옛 사람들이 남긴 좋은 책들이라도 좀 보시오."

여몽이 이 말을 듣고 열심히 책 읽기를 시작했어. 그러자 여몽의 인상이 점차 온화해지고 병법에 관한 지식도 더욱 늘어 갔지.

재상 노숙도 한마디 했어.

"나는 그대가 오직 무술만 할 줄 안다고 생각했는데, 오늘 보니 학식이 넓고 깊어서 글쎄 옛날 그 여몽이 아니로군요."

노숙이 크게 칭찬하자 여몽이 미소 지으며 대꾸했지.

"선비는 헤어진 지 사흘이 지나면 눈을 비비고 상대를 대해야 하거늘, 재상님은 어찌하여 일을 보는 것이 그리 늦으시오?"

여몽은 손권을 보좌함은 물론, 촉나라의 관우까지 사로잡는 명장이 되었단다.

《삼국지》 오서 여몽전주

괄목상대 刮目相對

刮 비빌 괄, 目 눈 목, 相 서로 상, 對 대할 대

'눈을 비비고 상대방을 다시 본다'는 뜻으로, 상대방의 학식이나 재주가 부쩍 늘어 놀랐음을 이르는 말.

- 그 선수의 실력은 5개월이 지나자 괄목상대할 만큼 달라져 있었다.

군계일학

　세상이 혼란스러우면 뜻있는 선비들은 혼란스러운 세상을 피해 산속으로 숨는 경우가 많아. 산속에서 문학과 인생을 이야기하고, 시를 읊고 음악을 즐기며 세월을 보내지.
　혜강이라는 선비는 특히 문학에 재능이 뛰어난 선비였는데, 무고하게 죄를 뒤집어쓰고 처형당했어. 혜강에게는 열 살배기 아들 혜소가 있었는데, 클수록 아버지를 닮아 갔지.

　혜강의 친구로 벼슬살이를 하던 산도가 진나라 왕 무제에게 혜소를 추천했지.
　"《서경》에 이르기를 '아버지의 죄는 아들에게 묻지 않는다'고 했습니다. 비록 아비 혜강이 처형을 당했지만 아들 혜소와는 아무 상관이 없는 일입니다. 가진 재능이 매우 뛰어나니 혜소를 비서랑에 임명하십시오."

무제가 매우 밝은 얼굴로 대답했어.

"그대가 추천하는 사람이라면 비서랑으로 되겠소? 더 높은 벼슬에 앉히리다."

혜소가 무제에게 부름을 받고 가던 날, 혜소를 지켜보던 한 사람이 혜강의 또 다른 친구 왕융에게 말했단다.

"혜소를 보니, 마치 학 한 마리가 닭 무리 속에 있는 듯하더이다."

그러자 평소 혜강을 잘 알던 왕융이 말했단다.

"자네가 그 부친을 보지 않았기 때문일세. 부친은 훨씬 더 뛰어났었다네."

《세설신어》 용지편

군계일학 群鷄一鶴

群 무리 군, 鷄 닭 계, 一 한 일, 鶴 학 학

'닭의 무리 가운데 한 마리의 학'이라는 뜻으로, 평범한 사람들 속에 있는 뛰어난 인물을 이르는 말.

- 많은 사람 틈에 섞이면 군계일학 격으로 그의 품격은 더욱 두드러져 보였다.

낭중지추

중국 조나라가 진나라의 침략을 받았을 때야. 다급해진 조나라는 이웃 초나라에 구원을 청하려고 재상 평원군을 보냈지. 평원군은 초나라로 떠나기 전에 식객들 가운데 문무를 갖춘 스무 명을 골라 함께 가기로 했어. 그런데 열아홉 명을 뽑은 뒤에는 더 이상 고를 만한 사람이 없었지.

그때 모수라는 사람이 앞으로 나섰어.

"저를 데려가면 도움이 될 것입니다."

평원군은 모수가 낯설었어. 처음 보는 얼굴이었지.

"내 집에 온 지 몇 해나 되었소?"

"3년쯤 되었습니다."

"현명한 선비가 세상에 있으면 주머니 속의 송곳과 같아서 그 끝이 금세 드러나 보이는 법이오. 그대가 내 집에 3년이나 있었다는데, 나는 그대 이야기를 듣지 못했소. 이는 그대가 남다른 재주를 갖고 있지 않다는 뜻이니 여기 그냥 남아 계시오."

평원군이 고개를 가로젓자 모수가 말했지.

"맞습니다. 그래서 오늘, 저를 주머니에 넣어 주십사 청을 드리는 겁니다. 저를 더 일찍 주머니에 넣어 주셨더라면 송곳 끝뿐만이 아니라 자루까지 드러났을 것입니다."

이리하여 모수도 함께 가게 되었어. 평원군의 예상과 달리 모수는 아주 뛰어난 사람이었단다. 모수의 활약으로 초나라의 지원을 받게 된 조나라는 위기에서 벗어날 수 있었지.

《사기》 평원군우경열전

낭중지추 囊中之錐

囊 주머니 낭, 中 가운데 중, 之 어조사 지, 錐 송곳 추

'주머니 속의 송곳'이라는 뜻으로, 재능이 뛰어난 사람은 숨어 있더라도 사람들에게 저절로 알려짐을 이르는 말.

- 이 그림은 낭중지추라서 점점 더 가치를 인정받고 있어.
- 그 배우의 연기는 낭중지추라 세계적으로 유명해졌다.

백미

적벽에서 승리를 거둔 유비와 대신들은 술과 음식을 나누며 한껏 즐거운 마음이었어.

"형주와 양양, 남군까지 차지했으니 승리가 코앞에 있는 듯합니다."

"이 넓은 땅을 오래도록 잘 다스릴 방법이 필요하지 않겠소?"

유비의 생명을 두 번이나 구해 준 이적이 말했지.

"새로 얻은 땅을 오래도록 지키시고 싶다면 우선 어진 선비를 구해야 할 것입니다."

"그런 어진 선비가 있겠습니까?"

"형양에 마씨 다섯 형제가 있는데 모두 재주가 뛰어나고 지혜롭다고 들었습니다. 그중 마량이 가장 훌륭하다고 하니 마량을 불러 일을 맡겨 보십시오."

얼마 후, 유비가 보낸 사람이 형양 땅에 이르렀어.

"혹시 마량을 아십니까?"

"아! 백미 말이군요!"

"예? 백미요?"

"마량이 백미라오! 눈썹이 하얘서 백미라고들 부르지."

　주변에 있던 사람들이 너도나도 백미 마량에 대해 칭찬하기 시작했어. 덕분에 유비가 보낸 사람은 쉽게 마량을 찾아 데려갈 수 있었지.

　이때부터 사람들은 여럿 중 가장 뛰어난 사람이나 물건을 가리킬 때 '백미'라고 부르기 시작했단다.

《삼국지》 촉서 마량전

백미 白眉

白 흰 백, 眉 눈썹 미

'흰 눈썹'이라는 뜻으로, 여럿 가운데에서 가장 뛰어난 사람이나 사물을 이르는 말.

- 춘향전은 한국 고전 문학의 백미다.
- 이번 연주회의 백미는 단연 바이올린 독주였다.

백발백중

 중국 초나라의 장왕이 전쟁을 하러 나간 틈에 재상 투월초가 반란을 일으켰어. 투월초는 강 건너에서 장왕이 돌아오는 것을 막고 있었지. 투월초가 활을 높이 들고 외쳤단다.
 "내게 맞설 놈이 있으면 나오너라!"
 양유기라는 장수가 앞으로 나왔어.
 "여기 있다! 군사들의 피를 흘리지 말고 우리 둘이서 활쏘기로 승부를 내면 어떠하냐?"
 두 사람은 세 번씩 활을 쏘아 승부를 결정하기로 했지.
 투월초가 먼저 양유기에게 화살을 쏘았어. 양유기는 첫 번째 화살은 활로 쳐서 떨어뜨리고 두 번째 화살은 몸을 옆으로 기울여 피해 버렸지. 투월초가 소리쳤어.
 "대장부가 몸을 피하다니……. 비겁하지 않으냐!"
 "그렇다면 이번에는 피하지 않겠다!"

양유기는 그 자리에 꼿꼿하게 서서 세 번째로 날아오는 화살의 촉을 두 이빨로 물었다.

"자! 이번에는 내 차례다!"

양유기는 화살 없이 빈 줄만 퉁겨 소리를 보냈어. 줄이 우는 소리를 듣고 투월초는 화살이 날아오는 줄 알고 옆으로 몸을 기울였지. 그 순간, 진짜 화살이 번개처럼 날아와 투월초 머리에 꽂혔단다.

《사기》는 이렇게 적고 있지.

"양유기는 초나라 사람으로 활을 잘 쏘았는데, 버드나무 잎을 백 보 떨어진 곳에서 백 번을 쏘면 백 번을 다 맞혔다."

《사기》 주본기

백발백중 百發百中

百 일백 백, 發 쏠 발, 百 일백 백, 中 가운데 중

'백 번 쏘아 백 번 맞힌다'는 뜻으로, 총이나 활 따위를 쏠 때마다 겨눈 곳에 다 맞음을 이르는 말.

- 백발백중의 명사수.

완벽

"큰일이로구나. 화씨벽을 줄 수도 없고, 안 줄 수도 없고."

조나라 왕은 걱정이 태산 같았어. 화씨벽은 아주 귀한 옥구슬로 조나라의 보물이야. 그런데 진나라 왕이 열다섯 개의 성과 화씨벽을 바꾸자는 거야. 하지만 말만 그렇지, 힘이 센 진나라 왕이 화씨벽만 홀랑 빼앗아 가려는 뻔한 속셈이었지.

지혜롭고 용감한 인상여가 앞으로 나섰어.

"성을 주면 화씨벽을 놓고 오고, 주지 않으면 화씨벽을 다시 가져오겠습니다."

진나라 왕은 화씨벽을 받아 들고 기뻐서 어쩔 줄을 몰랐어. 진나라 왕은 후궁과 신하들에게도 화씨벽을 구경하게 했지만, 역시 열다섯 개의 성을 주겠다는 말은 없었어.

진나라 왕의 속셈을 알고는 인상여가 말했어.

"화씨벽에는 작은 흠이 하나 있습니다."

"흠이 있다고? 어디에 있단 말인가?"

화씨벽을 다시 건네받은 인상여는 잽싸게 기둥 옆으로 갔어.

"성을 주실 마음이 없다는 것을 알겠습니다. 화씨벽은 제가 다시 가지고 가겠습니다. 저를 막으려고 하시면, 제 머리와 화씨벽은 기둥에 부딪혀 깨질 것입니다."

그날 밤 인상여는 부하를 시켜 화씨벽을 몰래 조나라로 돌려보냈어.

이때부터 '온전한 구슬'이라는 뜻의 '완벽'은 흠 없이 완전하게 일을 해냈을 때 사용하는 말이 되었단다.

《사기》 염파인상여열전

완벽 完璧

完 완전할 완, 璧 둥근 옥 벽

'흠이 없는 구슬'이라는 뜻으로, 결함이 없이 완전함을 이르는 말.

- 완벽에 가까운 묘기.
- 행사 준비에 완벽을 기하다.

인자무적

'인자무적'은 모든 사람에게 어질게 대하는 사람에게는 적이 없다는 뜻이기도 하지만, 인(仁)보다 강한 무기는 없다는 뜻이기도 하지.

중국 진나라 양혜왕이 맹자에게 물었어.

"예전에는 천하를 호령하던 우리나라가 지금은 다른 나라들에 땅을 빼앗기는 치욕을 겪고 있습니다. 과인은 이것이 부끄러워 죽은 이들을 위해 이 치욕을 씻어내고자 합니다. 어찌하면 되겠습니까?"

맹자가 대답했어.

"인자한 정치를 해서 형벌을 가볍게 하고, 세금을 줄이며, 농사철에는 농사를 짓게 하고, 장정들에게는 효성과 우애와 충성과 신용을 가르쳐 부형과 윗사람을 섬기게 하십시오. 그리하면 몽둥이를 들고서도 진나라와 초나라의 군대를 이길 수 있습니다.

　저들은 백성들이 일할 시기를 빼앗아 밭을 갈지 못하게 함으로써 부모는 추위에 떨며 굶주리고, 형제와 처자는 뿔뿔이 흩어지고 있습니다. 저들이 백성을 고통에 빠뜨리고 있는데, 왕께서 가서 정벌한다면 누가 감히 대적하겠습니까? 그래서 이르기를 '인자한 사람에게는 적이 없다(인자무적)'고 하는 것입니다."

　무릇 부드러운 것이 강한 것을 이기고, 붓이 칼을 꺾는 법이란다.

《맹자》 양혜왕 상편

인자무적 仁者無敵

仁 어질 인, 者 놈 자, 無 없을 무, 敵 원수 적

'어진 사람에게는 적이 없다'는 뜻으로, 어진 사람은 남에게 덕을 베풀기 때문에 모든 사람의 사랑을 받고 적이 없다는 말.

- 인자무적이라고, 친구들과 원만히 지내는 것이 이로운 일이다.

천리안

중국 위나라의 광주 관청 앞은 사람들로 북새통을 이루었어.

"곡식을 나누어 준다며? 가족들이 굶어 죽을 지경이니 빨리 좀 나눠 주쇼."

"곡식을 나누어 준다고? 누가 그런 헛소리를 했소?"

"내가 그랬네. 곡식 창고를 열어 주게."

돌아보니 얼마 전 광주 자사로 임명된 젊은 양일이었어.

"나라의 창고는 함부로 열 수 없습니다. 절차를 거쳐야만 합니다."

"당장 백성이 굶어 죽고 있는데 절차가 뭐가 그리 중요한가? 어서 창고를 열어 주게."

조정에서는 절차를 무시한 양일에게 죄를 물어야 한다고 했지만, 황제의 생각은 달랐어.

"백성을 먼저 생각한 양일의 행동이 기특하구나. 광주

지역 관리들을 불러 백성의 생활이 어떠한지 자세히 알아보도록 하라."

그런데 이상하게도 광주 관리들은 조사를 받으러 올 때마다 도시락을 가져오는 거야.

"조사가 끝나면 나랏돈으로 밥과 술을 사 줄 터인데."

"큰일 날 소리! 양일 자사님이 알게 되면 혼쭐이 납니다."

"여기서 광주가 얼마나 먼 곳인데 어떻게 알겠소?"

"양일 자사님은 천 리 밖을 내다보는 '천리안'을 가지고 있다오. 방 안에 앉아서도 모든 일을 꿰뚫고 계신단 말이오."

《위서》 양일전

천리안 千里眼

千 일천 천, 里 마을 리, 眼 눈 안

'천 리 밖을 볼 수 있는 눈'이라는 뜻으로, 사물을 꿰뚫어볼 수 있는 뛰어난 관찰력을 이르는 말.

- 문득 고개를 들면 천리안이라고 소문난 편집장의 두 줄 시선이 나를 쏜다.

천의무봉

 잘생긴 데다 말도 잘하고 글도 잘 쓰는 곽한이라는 사내가 살고 있었어. 하루는 곽한이 나무 밑에 누워 바람을 쐬는데 하늘에서 무언가 훨훨 내려왔어. 아리따운 여인이었지.
 "당신은 대체 누구요?"
 "저는 하늘에서 온 선녀입니다."
 꿈을 꾸는 듯 황홀한 기분이 든 곽한이 물었어.
 "하늘나라는 어떤 곳이오?"
 "하늘 날씨는 늘 봄과 같답니다. 여름의 무더위도 없고 겨울의 추위도 없지요. 나무는 사시사철 푸르고 꽃도 지지 않아요. 나뭇가지에서는 새들이 노래하고 물속에서는 물고기들이 노닙니다. 병도 전쟁도 세금도 없지요. 인간 세상 모든 고난이 하늘나라에는 없답니다."
 "하늘나라가 그렇게 좋은데 인간 세상에는 왜 왔습니까?"

"난초가 아무리 향기로워도 오래 있으면 향기를 맡을 수 없지요. 하늘나라에 오래 살다 보니 쓸쓸해서 종종 인간 세상에 와서 놀곤 한답니다."

"당신이 정말 하늘나라에서 왔는지 어떻게 알 수 있지요?"

선녀는 곽한에게 자기 옷을 보여 주었어. 옷은 아주 가볍고 부드러웠으며, 어디를 보아도 꿰맨 흔적이 없었단다. 곽한이 바느질 자국이 없는 까닭을 묻자 선녀가 대답했지.

"하늘나라 옷은 바늘과 실로 짓지 않는답니다."

《태평광기》

천의무봉 天衣無縫

天 하늘 천, 衣 옷 의, 無 없을 무, 縫 꿰맬 봉

'하늘나라 옷에는 바느질한 흔적이 없다'는 뜻으로, 예술 작품이 꾸밈없이 자연스럽고 깔끔해 흠잡을 데가 없음을 이르는 말.

- 그 시인의 시는 그야말로 천의무봉, 아주 자연스럽다.
- 금강산의 경치는 천의무봉이라고 하겠다.

호연지기

어느 날 맹자에게 공손추라는 제자가 물었어.

"선생님께서 제나라 재상이 되어 도덕으로 나라를 다스리면 제나라는 세상에서 가장 부강한 나라가 될 것입니다. 그런 걸 생각하면 선생님도 마음이 동요되시는지요?"

"나는 마흔 이후로 마음이 동요되는 일이 없느니라."

"어떻게 하면 그럴 수 있습니까?"

"한마디로 '용기'다. 마음속에 부끄러움이 없으면 두려울 것이 없지. '큰 용기'야말로 마음의 동요를 막는 최상의 방법이란다."

"그럼 선생님의 부동심과 고자의 부동심에는 어떤 차이가 있습니까?"

"고자는 '이해가 되지 않는 말을 이해하려고 애쓴들 무슨 소용이냐'고 하지만, 나는 '말을 알고 있다'는 점에서 고자보다 낫다. 게다가 나는 '호연지기'도 잘 기르고 있지 않으냐."

"호연지기가 무엇입니까?"

"호연지기란 사람을 바르게 만드는 크고 굳센 기운을 말한다. 호연지기를 기르면 하늘과 땅 사이에 가득 차게 되지. 그러나 호연지기는 도의와 잘 맞아야 해. 만약 도의가 없다면 호연지기는 금세 없어지고 말아. 호연지기가 사람에게 깃들고 그 사람의 행위가 도의에 부합되어 부끄러울 게 없으면 누구한테도 꿀리지 않는 도덕적 용기가 생긴단다."

《맹자》 공손추 상편

호연지기 浩然之氣

浩 클 호, 然 그럴 연, 之 어조사 지, 氣 기운 기

'하늘과 땅 사이에 가득 찬 넓고 큰 기운'이라는 뜻으로, 세상에 거리낄 것이 없는 크고 넓은 도덕적 용기를 이르는 말.

- 호연지기를 키우라.
- 경치가 뛰어난 곳에서 마음껏 즐기며 호연지기를 길렀다.

남보다 잘난 사람들도 있지만, 남보다 못한 사람들도 있습니다. 우리는 그런 어리석은 사람들을 보고 비웃지만, 우리 내부에도 그런 어리석은 모습이 숨어 있기도 하지요. 고사성어에 나타나는 어리석은 사람들을 살펴보고 우리 자신의 모습도 돌아보기로 해요.

5장. 어리석은 사람

각주구검

중국 초나라의 어떤 사람이 아주 귀한 칼 한 자루를 가지고 배에 올랐어. 그 사람은 양자강을 건너고 있었는데, 옆 사람과 이야기를 하다가 그만 실수로 칼을 강물에 빠뜨리고 말았단다.

"어이쿠, 이를 어째!"

그 사람은 재빨리 손을 뻗어 칼을 잡으려 했지만, 칼은 이미 물속으로 자취를 감춰 버린 뒤였어. 이 사람은 허리춤에서 작은 칼을 꺼내 뱃전에 칼자국을 내어 표시했지.

사람들이 물었어.

"그렇게 해서 칼을 찾을 수 있겠소?"

"여기가 내 칼이 떨어진 곳이오."

배가 강가에 닿자 그 사람은 칼자국을 새겨 놓은 뱃전 아래로 뛰어들어 칼을 찾았어. 배가 칼이 떨어진 곳을 한참이나 지나왔는데, 찾을 수 있을 리가 없었지.

"배는 이미 떠났으나 칼은 떠나지 않았으니, 칼을 구하는 게 이와 같다면 의심해야 하지 않겠는가?"

사람들은 그의 어리석은 행동을 보고 웃지 않을 수 없었단다.

이처럼 '각주구검'이라는 말은 세상 형편도 모르고 낡은 것만 고집하는 미련하고 어리석은 사람이나 그 행동을 비유로 이르는 말이지.

《여씨춘추》 찰금편

각주구검 刻舟求劍

刻 새길 각, 舟 배 주, 求 구할 구, 劍 칼 검

'배에 새겨 칼을 구한다'는 뜻으로, 융통성 없이 현실에 맞지 않는 낡은 생각을 고집하는 어리석음을 이르는 말.

- 잃어버린 물건을 한곳에서만 찾는 것은 각주구검 같은 행동이지.
- 더 좋은 기계가 생겼는데 아직도 옛날 방식을 고집하다니 이것이 바로 각주구검이다.

교언영색

 공자의 사상을 핵심 단어 하나로 표현하면 '어질 인(仁)'이라고 할 수 있는데, 공자는 이런 말을 했어.
 "말을 교묘하게 하고 얼굴빛을 좋게 꾸미는 사람 중에는 어진 사람이 드물다."
 말을 듣기 좋게 하고 얼굴빛을 보기 좋게 꾸미면서 남들, 특히 힘 있는 사람의 비위나 맞추려는 가식적인 행동을 하는 사람들 중에는 어진 사람이 드물다는 뜻이야. 대개는 자기 자신의 사리사욕을 위해서 남에게 아부하는 사람들이지. 이들에게 '인'이 있을 턱이 없잖아. 그렇다면 어떤 사람이 어진 사람일까?

 공자는 〈자로〉편에서 말했어.
 "의지가 굳고 용감하며 소박하고 어눌한 사람은 어진 사람에 가깝다."
 '교언영색'과는 정반대의 자질을 갖춘 사람, 즉 말이

좀 어눌하더라도 진실한 사람, 다소 무뚝뚝하지만 꾸밈없는 사람이 어진 사람에 가깝다고 공자는 본 거야.

하지만 정말 어진 사람, 다시 말해 군자는 그 이상이야.
〈옹야〉편에서는 이렇게 말하고 있거든.
"문질이 빈빈한 뒤라야 군자라 할 수 있다."
글의 형식과 내용이 조화를 이루어야 하듯, 사람의 겉과 속이 어울려야 군자라 할 수 있다는 뜻이란다.

《논어》학이편

교언영색 巧言令色
巧 공교할 교, 言 말씀 언, 令 영 령(영), 色 빛 색

'교묘한 말과 예쁘게 꾸민 얼굴빛'이라는 뜻으로, 다른 사람의 환심을 사기 위해 교묘하게 꾸며서 아첨하는 말과 알랑거리는 태도를 가리키는 말.

- 이 밖의 일은 아무리 미사여구, 교언영색으로 장식해도 전부가 거짓이고 사기다.

기우

 중국 기나라에 어떤 사람이 있었는데, 이 사람은 걱정이 정말 많았어.

 '머리 위에 있는 하늘이 무너지면 어떡하지? 발밑에 있는 땅이 꺼지면 어떡하지?'

 이런 걱정이 점점 더 심해져서 밤에는 잠도 못 자고 낮에는 밥도 못 먹을 지경이었단다.

 보다 못한 어떤 이가 말해 주었어.

 "하늘은 기운이 쌓여 있는 것이고 기운은 없는 곳이 없다네. 이것은 몸을 구부렸다 폈다 하며 숨을 쉬는 것과 같지. 기운은 하루 종일 가기도 하고 머물기도 한다네. 어찌 무너져서 떨어질까 걱정을 하나?"

 "하늘이 기운이 쌓인 것이라면 해와 달과 별은 떨어지는 것이 당연하지 않겠나?"

 "해와 달과 별도 쌓인 기운 속에서 빛나는 것이야. 설령 떨어진다 해도 크게 다치게 하지는 않는다네."

"어찌하여 땅은 꺼지지 않나?"

"땅은 흙덩이가 쌓여 이루어졌다네. 사방이 꽉 차 있어 흙덩이가 없는 곳이 없다네. 그래서 우리가 걷고 뛰고 밟을 수 있지 않나? 하루 종일 땅 위에서 가다 멈추다 하는데 어찌 꺼질까 걱정을 하나?"

그 사람은 그제야 걱정이 사라진 듯 크게 기뻐했다고 해.

이처럼 '기우'란 기나라 사람의 걱정처럼 '쓸데없는 걱정'을 빗대는 말이란다.

《열자》 천서편

기우 杞憂

杞 나라 이름 기, 憂 근심할 우

'기나라 사람의 걱정'이라는 뜻으로, 앞일에 대해 쓸데없이 하는 걱정을 말함.

- 내일 비가 올 것이라는 걱정은 기우에 그쳤다.
- 네가 하는 걱정은 기우에 불과하다.

당랑거철

중국 제나라의 왕 장공이 하루는 수레를 타고 사냥터에 가고 있었어. 그런데 웬 벌레 한 마리가 길 한가운데에서 앞발을 치켜들고 수레바퀴를 향해 덤비려 했어. 마치 도끼를 휘두르는 것 같았지.

장공이 수레를 멈추게 하고는 신하에게 물었지.

"이놈이 무슨 벌레냐?"

"사마귀라는 벌레입니다. 이놈은 앞으로 나아갈 줄만 알지 뒤로 물러설 줄은 모르며, 제힘은 생각지도 않고 적을 가볍게 보는 버릇이 있사옵니다."

장공이 고개를 끄덕였어.

"이놈이 사람이었다면 틀림없이 천하의 용감한 장군이 되었겠구나. 수레를 돌려 피해 가도록 하라."

신하들은 장공의 말을 따라 사마귀를 비켜 갔지.

'당랑거철'은 이 이야기에서 비롯되었는데, 흔히 실속

은 없으면서 큰소리치거나 허세를 부리는 사람들을 빗대어 말할 때 쓰지.

약자에게 이해와 배려를 보여 준 장공 덕에 살아남은 사마귀는 어리석었지만 그 무모함으로 자기 목숨을 구했어. 때로는 사마귀와 같은 터무니없지만 용기 있는 행동도 필요하겠지?

《한시외전》

당랑거철 螳螂拒轍

螳 사마귀 당, 螂 사마귀 랑, 拒 막을 거, 轍 바퀴 자국 철

'사마귀가 수레를 막는다'는 뜻으로, 제 역량을 생각하지 않고 강한 상대나 되지 않을 일에 덤벼드는 무모한 행동을 이르는 말.

- 당랑거철도 유분수지 그런 일에 덤벼들다니.
- 시골에서 농사만 짓던 농부들이 잘 훈련된 군사들을 상대로 싸운다는 것은 그야말로 당랑거철이었다.

부화뇌동

공자 아니면 그 후학들이 한 말이야.

"다른 사람의 말을 자기 말인 것처럼 하지 말고, 다른 사람의 의견에 동조하지 말라. 반드시 옛 성현들의 행동을 모범으로 삼고, 선왕의 가르침에 따라 이야기하라."

공자는 또 이런 말도 했어.

"군자는 화합하지만 부화뇌동하지 않고, 소인은 부화뇌동하지만 화합하지 않는다."

군자는 남을 자신처럼 생각하기 때문에 남과 화합하지만, 각자에게 주어진 일을 열심히 하므로 아무 생각 없이 남과 똑같이 행동하지는 않아. 하지만 소인은 이익만을 좇는 사람이기 때문에 이해관계가 맞는 사람과 똑같이 행동하지만, 남과 화합하지는 못한다는 거야.

부화뇌동이란 우레가 울리면 만물도 이에 따라 울린

다는 뜻으로, 다른 사람의 말이 옳은지 그른지도 따져 보지 않고 무조건 따르는 것을 말해.

한비자도 '부화뇌동'에 대해 이렇게 설명했어.

"미치광이가 동쪽으로 가면 뒤쫓는 사람도 동쪽으로 간다. 둘 다 동쪽으로 간 것은 같지만 하고자 한 일은 다르다. 같은 일을 하는 사람이라도 상세히 살피지 않으면 안 된다."

무슨 행동을 하더라도 이 일이 내가 진정으로 원하는 것인지, 올바른 행동인지 따져서 해야 현명한 사람이라고 할 수 있겠지.

《예기》 곡례편, 《논어》 자로편

부화뇌동 附和雷同

附 붙을 부, 和 화할 화, 雷 우레 뇌, 同 한가지 동

'우렛소리에 맞추어 함께한다'는 뜻으로, 줏대 없이 남의 의견에 따라 움직임을 일컫는 말.

- 남이 무어라고 한다 해서 쉽사리 부화뇌동하는 것은 아예 처음부터 하지 않음만 못합니다.

수주대토

 중국 사람들은 요 임금과 순 임금이 다스리던 시대를 백성들이 가장 평화롭게 살았던 시대라고 생각하고 요 임금과 순 임금을 가장 이상적인 군주라고 존경하고 있어. 하지만 한비자는 요순 시대의 정치를 시대에 뒤떨어진 정치라고 생각했지.

 한비자는 자기 생각에 반대하는 사람들에게 이런 이야기를 했단다.
 "송나라에 한 농부가 있었다. 하루는 밭을 가는데 토끼 한 마리가 달려가더니 밭 가운데 있는 그루터기에 머리를 들이받고 목이 부러져 죽었다. 그것을 본 농부는 토끼가 또 그렇게 달려와서 죽을 줄 알고 밭 갈던 쟁기를 집어던지고 그루터기만 지켜보고 있었다. 그러나 토끼는 다시 나타나지 않았고, 농부는 사람들의 웃음거리가 되었다. 지금 옛 정치를 좇아 현재의 백성을 다스리려고 하는 것은 모두 그루터기를 지키는 것과 유사한 것이다."

　한비자는 낡은 관습만을 고집하여 지키고, 새로운 시대에 순응하지 못하는 것을 수주대토라고 비판하면서 군주는 옛날 방식이나 영원불변한 규범만 고집할 것이 아니라, 그 시대 상황에 따라 적절한 방법과 법을 통해 나라를 다스려야 한다고 주장했단다.

《한비자》오두편

수주대토 守株待兔

守 지킬 수, 株 그루 주, 待 기다릴 대, 兔 토끼 토

'그루터기를 지켜보며 토끼가 나오기를 기다린다'는 뜻으로, 노력은 하지 않고 요행을 바란다는 말.

- 시험공부는 하지 않고 아는 문제만 나오기를 바라는 것은 수주대토라 할 만하다.

자가당착

중국 송나라의 승려 원정이 지은 시에 다음과 같은 구절이 있어.

수미산은 높아서 봉우리를 볼 수 없고
큰 바다는 물이 깊어 바닥이 보이지 않네.
흙 털고 먼지 날려 봐도 찾을 수 없고
고개 돌리다 부딪히니 바로 나 자신이네.

경서를 읽으면서 진리를 찾아보지만 높고 넓은 경지를 쉽게 찾아내지 못하고 맞닥뜨리게 되는 것은 발전이 없는 나 자신일 뿐이라는 말이야. 자기 마음속의 진리를 깨닫지 못하고 헛된 목표를 찾아서 겉돌다가는 영영 깨달음을 얻을 수 없다는 뜻이기도 하지.

말로는 진리를 찾는다고 하지만 행동은 그만한 결과

를 얻지 못하는 것을 '자가당착'이라고 하는데, 여기서 더 나아가 자기 생각이나 주장이 앞뒤가 맞지 않거나 스스로를 해치는 데 이를 수 있는 형세를 의미한단다.

비슷한 뜻을 가진 말로 '모순'이나 '이율배반'과 같은 말이 있지.

《선림유취》 간경문편

자가당착 自家撞着

自 스스로 자, 家 집 가, 撞 칠 당, 着 붙을 착

'스스로 부딪치기도 하고 붙기도 한다'는 뜻으로, 같은 사람의 말이나 행동이 앞뒤가 서로 맞지 아니하고 모순됨을 이르는 말.

- 환경을 보호하자면서 일회용 그릇을 많이 쓰는 것은 자가당착이에요.
- 이 논문은 처음의 주장을 스스로 부인하는 자가당착에 빠졌다.

조삼모사

중국 송나라에 저공이라는 사람이 있었어. 저공은 원숭이를 무척 좋아해 원숭이 여러 마리를 기르면서 정성껏 보살폈지. 말은 통하지 않았지만 저공은 원숭이들 뜻을 잘 헤아렸고 원숭이들 역시 저공의 마음을 잘 이해했단다.

사정이 이렇다 보니 원숭이 숫자가 너무 많이 늘어났어. 저공은 집안 식구들이 먹을 양식까지 줄여 가면서 원숭이들을 먹여 살렸지만, 원숭이 먹이를 구하는 데 어려움이 커졌지.

'원숭이 숫자는 많고 먹이는 부족하니 어떡한담?'

저공은 먹이의 양을 줄이는 수밖에 없다고 생각했지만 여태껏 자기를 잘 따르도록 길들인 원숭이들 기분을 상하게 하고 싶지는 않았어.

그래서 원숭이들에게 물었지.

"너희들이 먹는 도토리를 앞으로 아침에 세 개, 저녁

에 네 개씩 주려 하는데 어떠냐?"

원숭이가 모두 일어나 화를 냈어. 저공은 원숭이들 화가 가라앉기를 기다렸다 말했지.

"그럼, 아침에 네 개를 주마. 그리고 저녁에 세 개를 주면 어떠하냐?"

그러자 원숭이들이 엎드려 기뻐했단다.

지혜로운 자가 어리석은 자를 농락하는 일은 마치 저공이 꾀를 부려 원숭이를 속이는 일과 다를 바가 없지. 어리석은 자들은 사실은 똑같은데 똑같은 것임을 알지 못하고 화를 내기도 하고 기뻐하기도 한단다.

《열자》 동제편

조삼모사 朝三暮四

朝 아침 조, 三 석 삼, 暮 저물 모, 四 넉 사

'아침에 세 개, 저녁에 네 개'라는 뜻으로, 간사한 꾀로 남을 속여 희롱함을 이르는 말.

- 그럴듯하게 포장만 하는 조삼모사식의 선거 공약은 사라져야 해.

필부지용

중국 초나라 왕 항우는 한신에게 낮은 벼슬만을 맡겼어. 항우에게 실망한 한신은 항우를 떠나 한나라 유방을 찾아갔지. 한신은 한나라의 대장군이 되어 초나라와의 전쟁을 승리로 이끌었지.

이것을 보면 항우가 패한 것은 사람을 제대로 쓰지 못했기 때문이라 할 수 있어. 항우는 또 자기 힘과 용맹을 지나치게 믿어서 남의 의견에는 귀를 기울이지 않았지.

황제가 된 유방은 낙양 궁궐에 대신들을 모아 놓고 이렇게 말했단다.

"내가 천하를 차지할 수 있었던 까닭을 아시오? 사람을 제대로 알아보고 능력에 따라 일을 맡겼기 때문이오. 어려운 일의 작전에는 장량이, 나라 살림에는 소하가, 전투에는 한신이 있었소. 이렇게 뛰어난 인물이 셋이나 내 곁에 있었다오. 하지만 항우는 인재 한 사람도 제대로 쓰지 못했지. 그대들은 항우를 어찌 생각하오?"

이에 한신이 항우의 사람됨에 대해 이렇게 말했어.

"항우는 천하 누구도 따를 수 없는 용맹스러운 사람입니다. 항우가 성난 얼굴로 호령을 하면 천 명의 군사가 놀라 쓰러질 정도입니다. 하지만 인재를 알아보지 못하니 항우의 용맹은 '필부지용'에 지나지 않습니다."

'필부지용'이란 '보통 남자의 하찮은 용기'라는 말이야. 앞뒤 분별없이 자기 힘만 믿고 함부로 날뛰는 것은 필부지용에 지나지 않는단다.

《맹자》 양혜왕 하편

필부지용 匹夫之勇

匹 필 필, 夫 지아비 부, 之 어조사 지, 勇 날쌜 용

'평범한 사내의 용기'라는 뜻으로, 깊은 생각 없이 혈기만 믿고 함부로 부리는 소인의 용기를 이르는 말.

- 현수는 무식하고 필부지용만 가진 무리와는 의견을 달리했다.

호가호위

 중국 초나라의 선왕이 신하들에게 물었어.
 "내가 듣건대, 북쪽 여러 나라가 재상 소해휼을 두려워한다던데 그게 사실인가?"
 누구 하나 제대로 대답을 못 하는데, 강을이 대답했어.
 "호랑이는 어떤 짐승이든 다 잡아먹을 수 있습니다. 한번은 여우를 잡았는데 여우가 이렇게 말했습니다.
 '그대는 감히 나를 잡아먹지 못하리라. 옥황상제께서 나를 온갖 짐승의 우두머리로 삼았으니, 그대가 지금 나를 잡아먹는다면 옥황상제의 명을 어기는 짓이다. 내 말을 믿지 못하겠다면 내가 앞장설 테니 뒤를 따라와 보라. 나를 보고 감히 달아나지 않는 짐승이 한 마리라도 있는지.'
 호랑이는 그럴듯하다고 여기고 여우를 따라가자, 짐승들은 정말로 여우를 보기가 무섭게 모두 달아나 버렸습니다. 호랑이는 짐승들이 자기를 무서워해서 달아난 것을 모르고 여우를 무서워해서 달아났다고 생각한 것입니다.

소해휼도 이와 비슷합니다. 왕께서는 땅이 사방 오천 리, 군사가 백 만인데 이를 소해율에게 맡기셨습니다. 그러므로 북쪽 여러 나라가 소해율을 두려워하는 것은 사실 대왕님을 두려워하는 것입니다."

《전국책》 초책

호가호위 狐假虎威

狐 여우 호, 假 거짓 가, 虎 범 호, 威 위엄 위

'여우가 호랑이의 위세를 빌린다'는 뜻으로, 강자의 권세를 빌려 허세를 부림을 이르는 말.

- 싸움을 제일 잘하는 용호가 자기 절친이라고 자기까지 다른 친구들 앞에서 뻐긴다면 호가호위라 할 만하다.

세상사 이치를 잘 아는 사람, 사람의 마음을 잘 헤아리는 사람, 당장의 일보다는 멀리 내다볼 줄 아는 사람, 이런 지혜로운 사람들이 있어서 세상은 발전합니다. 옛날에 살았던 지혜로운 사람들의 이야기를 고사성어를 통해 알아봅니다.

6장. 지혜로운 사람

맹모삼천

맹자와 맹자 어머니는 공동묘지 근처에 살고 있었어.
"어머니! 작은 상자 하나만 주세요."
"뭘 하려고 그러니?"
"친구들과 무덤 놀이를 하려고요."
맹자는 상자를 땅에 묻어 무덤을 만들었어. 다음 날도, 그다음 날도, 맹자는 땅을 파고 무덤을 만들며 놀았어.
'공동묘지 근처에 살다 보니 만날 무덤 놀이만 하는구나! 안 되겠다. 이사를 가야지.'
맹자 어머니는 시장 근처로 이사를 갔어.

"어머니, 친구들과 시장 놀이를 했는데 제가 돈을 제일 많이 벌었어요."
다음 날도, 그다음 날도, 맹자는 물건을 사고파는 놀이를 하면서 놀았어.

'시장에서 보고 배우는 것이 다 보니 시장 놀이만 하는구나! 안 되겠어. 이사를 가야지.'

맹자 어머니는 이번에는 서당 가까이로 이사를 갔어.

"이번에는 내가 선생님이고 너희가 제자야."
"선생님께 인사부터 해야지."

서당 놀이를 하는 맹자를 보고 맹자 어머니는 흐뭇하게 웃었어. 서당 놀이를 하면서 자란 맹자는 나중에도 열심히 공부하여 중국의 대학자가 되었단다.

《열녀전》 모의전

맹모삼천 孟母三遷

孟 맹자 맹, 母 어미 모, 三 석 삼, 遷 옮길 천

'맹자의 어머니가 세 번이나 이사를 했다'는 뜻으로, 교육에는 주위 환경이 중요하다는 말.

- 맹모삼천이라고 공부를 잘하려면 무엇보다 환경이 중요하다.

삼고초려

유비가 관우와 장비를 데리고 언덕을 힘겹게 오르고 있었어.

"이렇게 또 찾아와야 할 만큼 제갈량이 그리 대단한 사람입니까?"

관우와 장비가 못마땅하다는 듯 투덜거렸어.

"스승님께서 탁월한 전략가라고 추천해 주시지 않았느냐?"

세 사람은 초라한 오두막집 앞에 멈춰 섰어.

"계시오? 주인장 있소?"

장비가 몇 번이나 크게 소리를 치니까, 그제야 한 사내아이가 나왔어.

"제갈량 선생은 오늘도 안 계시느냐?"

"예, 어제 친구분과 함께 나가셨는데 아직 안 오셨습니다."

"먼 길을 두 번이나 찾아왔는데 이번에도 없다고? 지

난번에 우리가 왔었다는 말을 전하기는 했느냐?"

장비가 버럭 화를 내자 유비가 장비의 어깨를 다독였어.

"아이에게 화를 내서 무엇 하겠느냐? 다음에 다시 오자."

얼마 후 셋은 또다시 제갈량을 찾았어. 단정한 옷차림의 젊은이가 유비에게 절을 했지.

"어리고 부족한 사람을 세 번이나 찾아 주시니……. 온 힘을 다해 모시겠습니다."

훗날 유비는 제갈량의 뛰어난 전략으로 조조의 백만 대군을 크게 물리쳤단다.

《삼국지》 촉서 제갈량전

삼고초려 三顧草廬

三 석 삼, 顧 돌아볼 고, 草 풀 초, 廬 오두막집 려

'오두막집을 세 번이나 찾아간다'는 뜻으로, 인재를 얻기 위해 진심으로 노력함을 이르는 말.

- 유명한 작가님을 강연에 모셔 오려면 삼고초려라도 해야지.

선견지명

중국 위나라에 양수라는 사람이 있었어. 양수는 어려서부터 총명하고 아는 것이 많아 아주 일찍 관직에 올랐지. 나중에는 조조를 도와 나랏일 전반을 살폈는데, 조조가 군사에 관한 일로 바쁠 때는 양수가 아예 정사 전반을 살폈다고 해.

조조가 촉한과 싸울 때, 암호를 '계륵(닭갈비)'이라고 정한 적이 있었어. 아무도 그 뜻을 몰랐는데, 양수만이 '버리자니 아깝고 먹자니 먹을 것이 없다'는 뜻이라는 것을 알아차렸대.

조조의 아들 조비와 조식이 태자 자리를 놓고 서로 다툴 때 양수는 조식 편에 섰는데 조조가 계승자로 선택한 것은 조비였어. 태자가 되지 못한 조식은 진왕으로 강등되었고 양수는 조조에게 죽임을 당했지.

그 후 하루는 조조가 우연히 양수의 아비인 양표를 만

났어. 양표가 수척해진 것을 보고 조조가 물었지.

"공은 어찌 그토록 야위었소?"

"한무제의 충신 김일제는 행실이 불량한 아들들의 부덕함이 후환이 될까 염려하여 직접 두 아들을 죽였습니다. 저는 김일제와 달리 미리 내다보는 현명함이 없고 늙은 소가 송아지를 핥는 부모의 사랑하는 마음만 있을 뿐입니다."

선견지명이 없어서 아들 양수를 미리 조심시키지 못한 양표는 자신을 탓했어. 양표의 말을 듣고 조조는 양표에게 공경하는 태도를 보였단다.

《후한서》양표전

선견지명 先見之明

先 먼저 선, 見 볼 견, 之 어조사 지, 明 밝을 명

'앞을 내다보는 안목'이라는 뜻으로, 어떤 일이 일어나기 전에 미리 앞을 내다보고 아는 지혜를 이르는 말.

- 조선이 선견지명이 있었다면 일본이 쳐들어오기 전에 미리 전쟁 준비를 했을 것이다.

역지사지

옛날 중국에 하우와 후직이라는 사람이 살고 있었어. 두 사람 모두 나랏일을 돌보는 벼슬아치였지. 두 사람은 너무나 바빠서 집에 가지도 못하고 집안일에 신경도 쓰지 못했어. 바로 집 앞을 지나갈 때조차 안으로 들어갈 수 없었단다.

"몇 년 만에 집 앞을 지나시는 게 아닙니까? 한번 들어가 보시지요."

주위 사람들이 권해도 하우와 후직의 대답은 한결같았어.

"내가 일을 제대로 하지 못하면 많은 백성들이 힘들어지네. 어찌 우리 집에 드나들며 신경을 쓸 수 있단 말인가."

사람들은 백성들을 자신의 가족보다 더 아끼고 보살폈던 하우와 후직을 칭찬했어.

중국의 대학자였던 공자는 하우와 후직과 함께, 자신

의 제자였던 안회를 칭찬했어.

"안회는 세상 사람들이 어렵게 산다면서 스스로 밥 한 그릇과 물 한 잔만 먹으며 하루하루를 살고 있다. 하우, 후직, 안회 세 사람 모두 자신의 처지보다는 다른 사람들의 처지를 생각하며 배려한 사람들이다. 입장을 바꾸어 다른 사람의 처지를 헤아려 보는 것은 사람에게 꼭 필요한 일이다."

공자의 가르침을 이어받은 사람들은 하우, 후직, 안회의 이야기를 기억하게 되었고, 이때부터 나와 다른 사람의 입장을 바꾸어 생각해 본다는 뜻의 '역지사지'라는 말을 쓰게 되었단다.

《맹자》 이루편

역지사지 易地思之

易 바꿀 역, 地 땅 지, 思 생각할 사, 之 어조사 지

'처지를 바꾸어서 생각한다'는 뜻으로, 자신의 입장만 생각하지 말고 상대방의 처지에서도 사태를 살펴볼 것을 권유하는 말.

- 항상 역지사지하는 것을 잊지 마라. 그 사람의 입장이 되어 보지 않고 함부로 말하거나 생각해서는 안 된다.

온고지신

공자는 스승의 자격에 대해 "옛것을 익히고 새것을 알면 스승이라고 할 수 있다"고 했어.

이때 공자가 말한 옛것이란 살기 좋았던 주나라 때의 여러 문물과 제도를 가리키지. 공자가 활동하던 시기는 매우 혼란한 시기였는데, 당시 혼란한 세상을 바로잡는 데는 훌륭한 이전 시대의 문물과 정신을 배우고 본받는 것이 선행되어야 함을 강조한 말이야.

다시 말해, 온고지신이란 과거의 전통과 역사, 학문을 먼저 충분히 익히고 그 바탕 위에 새로운 것을 배워야 참다운 앎에 도달할 수 있다는 것을 알려주는 말이야. 특히 공자는 평생 지식을 전수하는 스승으로 살았다는 점에서 참다운 스승에게 요구되는 중요한 덕목이자 태도로서 이야기한 거야.

또 공자와 그 후학들이 쓴《예기》〈학기편〉에는 "기문

지학으로는 남의 스승이 되기에 부족하다"라는 말이 나와. 기문지학이란 고서와 같은 글을 외우기만 하고 제대로 이해하지 못한 학문을 말해. 지식을 암기해서 질문에 대답하는 것만으로는 남의 스승이 될 자격이 없다는 뜻이지.

'온고지신'과 비슷한 말로는 '법고창신(法古創新)'이란 말이 있는데, 법고창신 역시 '옛것을 본받아 새로운 것을 창조한다'라는 뜻이야. 제대로 배우고 익히려면 끊임없이 노력하며 자기 자신을 계발해야 하겠지?

《논어》 위정편

온고지신 溫故知新

溫 익힐 온, 故 옛 고, 知 알 지, 新 새 신

'옛것을 익히고 새것을 안다'는 뜻으로, 전통과 역사가 바탕이 된 후에 새로운 지식을 습득해야 제대로 된 지식이 될 수 있다는 말.

- 고전의 생명은 온고지신에 있다. 나는 《논어》라는 위대한 고전을 현대적인 관심에서 이것저것 해석해 보려고 했다.

유비무환

 중국 진나라의 사마위강은 법을 엄격하게 집행하는 정직한 관리였어. 하루는 진나라 왕 도공의 동생 양간이 큰 죄를 지었어.
 위강이 양간 대신 양간의 부하를 참수형에 처하려고 하자, 양간은 형 도공에게 말했어.
 "위강은 자신이 지금 높은 자리에 있다고 저를 모욕했습니다!"
 도공은 위강을 당장 끌고 오라고 명했어. 위강은 도공에게 상소문을 올리고 나서 칼을 뽑아 자결하려 했지. 위강의 상소문을 읽고 사실을 알고 난 도공은 서둘러 궁 밖으로 나가 위강을 일으켜 세웠어.
 "이번 일은 내 잘못이오. 내 불찰을 용서하시오."

 도공은 위강을 믿고 군대를 맡겼고, 위강 덕분에 진나라는 나날이 강해졌어. 도공은 다른 나라들로부터 많은 보물을 받았는데, 위강에게 절반을 주려 했지만 위강은 이를 사양했어.

"지금 폐하께서 여러 나라를 통솔할 수 있는 것은 주군과 여러 사람의 공로이지, 저 때문은 아닙니다. 다만 저는 주군께서 즐거울 때 앞으로 있을 나라의 많은 일을 생각하시길 바랄 뿐입니다. 옛사람이 '평안할 때 위태로움을 생각하라. 생각하면 준비해야 할 것이고, 준비하면 걱정할 것이 없을 것이다'라고 하였습니다. 저는 이 도리를 따른 것뿐입니다."

도공은 다른 나라들로부터 받은 보물을 모두 돌려주었단다.

《서경》

유비무환 有備無患
有 있을 유, 備 갖출 비, 無 없을 무, 患 근심 환

'준비가 되어 있으면 걱정할 것이 없다'는 뜻으로, 좋지 않은 일에 미리 대비해 두면 나중에 걱정할 일이 없다는 말.

- 유비무환의 정신으로 노년을 예비하다.
- 지휘관은 휘하 군인들에게 유비무환의 자세를 당부했다.

이심전심

하루는 부처님이 제자들을 영취산이라는 아주 신령스러운 산에 모아 놓고 설법을 했어. 하늘에서는 꽃비가 내리고 있었지. 부처님은 아무 말 없이 연꽃 한 송이를 집어 들고는 손가락으로 살며시 비틀었어.

제자들은 부처님의 행동을 보고 눈만 껌벅였어. 부처님이 왜 그런 행동을 하는지 의미를 알 수 없었거든. 하지만 제자 중 한 명인 가섭만은 그 뜻을 깨닫고 빙긋이 웃었어.

부처님도 빙긋이 웃으며 가섭에게 말했단다.

"나에게는 정법안장(인간이 원래 갖추고 있는 마음의 덕)과 열반묘심(번뇌를 벗어나 진리에 도달한 마음), 실상무상(불변의 진리), 미묘법문(진리를 깨치는 마음), 불립문자 교외별전(언어나 경전에 따르지 않고 이심전심으로 전하는 오묘한 진리)이 있다. 이것을 너에게 주마."

이렇게 해서 불교의 진수는 가섭에게 전해졌어.

'이심전심'이란 말이나 글이 아닌 마음과 마음으로 전해진다는 뜻이지. 그렇다고 말이나 글이 쓸데없다고 말하는 것은 아니야. 말이나 글에 집착하지 말라는 불교의 심오한 진리를 깨닫게 해 주는 말이지. 이심전심이야말로 불법이 전달되는 가장 좋은 방식이라는 뜻이란다.

"불법은 마음으로써 마음을 전하니 모두 스스로 깨닫게 하고 스스로 해탈하게 한다."

《오등회원》

이심전심 以心傳心

以 써 이, 心 마음 심, 傳 전할 전, 心 마음 심

'마음으로써 마음을 전한다'는 뜻으로, 문자나 언어 없이도 스스로 깨닫거나 남을 깨닫게 한다는 말.

- 나와 기정이는 이심전심으로 통해 말이 필요 없었다.
- 두 사람 사이에는 어느덧 이심전심으로 우정이 싹트고 있었다.

청출어람

옛 중국에 이밀이라는 학자가 있었어. 이밀은 스승 공번을 모시고 열심히 공부했지. 몇 년이 지나자 이밀의 학문이 스승 공번의 학문을 넘어섰어.

공번은 이밀에게 더 이상 가르칠 것이 없자, 도리어 이밀에게 가르침을 청했지. 이밀이 얼마나 당황했겠어?

공번이 말했어.

"성인에게는 정해진 스승이 없으며, 자네와 나는 하나라도 뛰어난 점이 있다면 나이에 관계없이 스승이 될 수 있으니, 격식을 차리지 않아도 되네."

순자는 이렇게 말하고 있어.

"배움이란 그만둘 수 없는 것이다. 푸른색은 그것을 쪽빛에서 취했지만 쪽빛보다 푸르고, 얼음은 물이 그렇게 된 것이지만 물보다 차다."

여기에서 나온 말이 바로 '청출어람청어람'(푸른색은 쪽풀에서 나왔지만 쪽빛보다 더 푸르다)이라는 말이야. 이것을 줄여서 그냥 '청출어람'이라고 하는 거지. 공부를 계속하다 보면 스승을 능가하는 제자도 나타날 수 있어. 나아가 스승보다 나아질 만큼 더 열심히 공부해야 한다는 뜻이란다.

《순자》 권학편

청출어람 靑出於藍
靑 푸를 청, 出 날 출, 於 어조사 어, 藍 쪽 람

'푸른색은 쪽에서 나왔지만 쪽보다 더 푸르다'는 뜻으로, 제자나 후배가 스승이나 선배보다 나음을 이르는 말.

- 영희는 할아버지에게 거문고를 열심히 배워 청출어람이란 평이 나 있었다.

촌철살인

중국 송나라에 나대경이라는 유학자가 있었어. 나대경은 유명한 학자들의 말과 글을 모으고, 자기 집에 찾아온 손님들과 주고받은 이야기를 기록해 두었어.

하루는 종고 선사라는 스님이 선(禪)에 대해 논하고 있었지.

"한 수레 가득 무기를 싣고 왔다고 해서 그 사람이 사람을 죽일 수 있는 것은 아니다. 나는 한 치도 안 되는 칼로도 사람을 죽일 수 있다."

종고 선사가 사람을 죽일 수 있다고 한 것은 실제로 살인을 한다는 말이 아니라, 자기 마음속의 속된 생각을 완전히 없앨 수 있다는 말이야.

아직 깨달음에 이르지 못한 사람은 속된 생각을 없애기 위해 성급하게 이런저런 방법을 쓰는데, 이런 짓은 모두 서툰 짓이야. 정신의 집중이 부족하기 때문이지. 오직 한 가지에 온몸과 온 영혼을 집중할 때, '번쩍' 하고 깨우치는 순간이 찾아오며 모든 잡념이 달아나게 된다는 것이지. 이것이야말로 큰 깨달음이라는 거야.

'촌'이란 손가락 한 마디 길이를 말하며, '철'은 쇠로 만든 무기를 뜻해. 따라서 '촌철'이란 한 치도 못 되는 무기를 의미하지. 그러므로 '촌철살인'이란 아주 작은 무기로 사람을 죽인다는 뜻인데, 간단한 한마디 말로 상대편의 허를 찔러 당황하게 만들거나 깨달음을 주는 경우를 가리키는 말이란다.

《학림옥로》

촌철살인 寸鐵殺人

寸 마디 촌, 鐵 쇠 철, 殺 죽일 살, 人 사람 인

'손가락 한 마디 크기의 쇠붙이로 사람을 죽인다'는 뜻으로, 간단하지만 핵심을 찌르는 말 한마디로 사람을 감동시킬 수도 있고 굴복시킬 수도 있다는 말.

- 참선으로 마음속 잡스러운 생각을 없애고 얻는 깨달음도 촌철살인이라고 할 수 있다.

타산지석

《시경》〈소아편〉에 학 울음소리를 소재로 한 '학명'이라는 시가 있어.

높은 언덕에서 학이 우니
그 울음소리 하늘까지 들리고
물가에 머물던 물고기는
가끔 연못 속으로 숨는구나.
즐겁게도 저 동산에는
심어 놓은 박달나무 있고
그 아래 닥나무 풍성하구나.
다른 산의 돌이라도
옥을 갈 수 있음이로다.

이 시의 끝 구절에서 '타산지석'(다른 산의 돌)이라는 말에서 비롯했어. 돌은 소인을 뜻하고, 옥은 군자를 뜻한다고 보면, '하찮은 소인의 언행조차 군자가 마음을 수양하고 덕을 쌓는 데는 도움이 된다'라는 뜻이라고 할 수 있겠지.

요즘에는 다른 사람의 행동과 남의 허물 또는 남의 실패까지도 거울삼아 교훈을 얻을 수 있다는 뜻으로 주로 쓰인단다.

《시경》 소아편

타산지석 他山之石

他 다를 타, 山 뫼 산, 之 어조사 지, 石 돌 석

'다른 산의 돌'이라는 뜻으로, 본이 되지 않는 남의 말과 행동도 자신의 지식과 인격을 수양하는 데에는 도움이 될 수 있음을 이르는 말.

- 자전거를 타다 넘어져 다친 정하를 보고 선생님께서는 정하를 타산지석으로 삼아 내리막길에서는 자전거를 천천히 타라고 말씀하셨어요.

세상은 사람들의 생각대로 돌아가지만은 않습니다. 세상일은 너무나 복잡해서 가끔은 이해하기도 어렵습니다. 그렇지만 가끔은 세상의 이치를 깨닫고 고개를 끄덕거릴 때도 있지요. 옛 사람들은 무엇을 어떻게 깨달았을까요? 고사성어를 통해 알아보아요.

7장. 깨닫는 사람

남가일몽

중국 당나라에 순우분이란 사람이 있었어. 하루는 순우분이 집 남쪽에 있는 나무에 기대어 잠이 들었지. 어디선가 보라색 옷을 입은 두 사람이 나타났어.

"괴안국 왕의 명을 받고 그대를 모시러 왔습니다."

순우분은 두 사람을 따라 나무 구멍으로 들어갔어. 그러자 그곳에서 기다리던 왕이 순우분을 반갑게 맞으며 사위로 삼았지.

순우분은 남가군을 다스리라는 명을 받고 그곳에서 수십 년 동안 선정을 베풀었고, 그 공으로 재상의 자리에까지 올랐어.

그러나 이웃 단라국의 침공을 받아 고통을 받고 연이어 아내마저 세상을 뜨자 절망에 빠져 관직도 버린 채 서울로 왔어. 그런데 임금은 서울을 옮겨야 할 것 같다며 순우분더러 고향으로 돌아가라는 거야. 이때 순우분은 잠에서 깼는데, 이 모든 것이 꿈이었어.

신기하게 여긴 순우분이 자기가 기대어 자던 나무를 살펴보자 뿌리 부근에 구멍이 있었고, 그 속에는 거대한 개미집이 있었어. 또 그곳에서 남쪽으로 뻗은 가지에는 개미 떼가 있었지. 바로 남가군인 셈이야.

　놀라서 집으로 돌아갔던 순우분이 다음 날 다시 이곳을 찾았는데, 전날 내린 비로 개미집은 흔적도 없이 사라져 버렸어. 서울을 옮긴 셈이지. 이를 본 순우분은 나뭇가지 밑에서 꾼 꿈처럼 인생이 얼마나 헛된 것인지 깨달았다고 해.

《남가태수전》

남가일몽 南柯一夢
南 남녘 남, 柯 가지 가, 一 한 일, 夢 꿈 몽

'남쪽 나뭇가지 밑에서 꾼 한바탕 꿈'이란 뜻으로, 꿈과 같이 헛된 한때의 부귀영화를 이르는 말.

- 복권에 당첨된다는 것은 남가일몽과 같은 헛된 꿈이었다.

명약관화

중국의 두 번째 왕조인 상나라를 반경왕이 다스릴 때였어. 황허강이 넘쳐서 물난리가 자주 일어나 그 피해가 매우 컸지. 그래서 반경왕은 수도를 경에서 은으로 옮기려 했단다.

그런데 이미 수도 경에 기반을 잡고 있던 많은 관리와 명문 귀족들은 수도 이전에 반대했어. 이들은 뜬소문을 퍼뜨리면서 수도 이전을 방해했지. 백성들 또한 정든 고향을 떠나 친지들과 헤어지는 것이 싫어서 수도 이전에 반대했단다.

왕은 반대하는 신료들을 궁궐에 모아 놓고 수도를 옮겼을 때의 이로움과 옮기지 않았을 때의 불리함을 설명했지.

"나는 수도를 옮기는 것의 이점을 불을 보는 것처럼 잘 알고 있소. 하지만 내가 너무 성급하게 일을 계획하여 그대들의 허물이 되었소. 그물에 벼리가 있어야 풀리지 않는 것과 같으며 농사꾼이 밭에서 힘들여 농사지어야 또한 풍성한 가을이 있는 것과 같은 것이오."

　반경왕은 자신의 심정을 거짓 없이 분명히 설명했고, 이것이 대신과 백성들에게 신뢰를 주어 수도를 은으로 옮길 수 있었어. 수도를 경에서 은으로 옮긴 후 상나라라는 나라 이름 또한 은나라로 바꾸게 되었고, 은나라는 번영의 길로 들어섰대.

《서경》

명약관화 明若觀火

明 밝을 명, 若 같을 약, 觀 볼 관, 火 불 화

'밝기가 불을 보는 것과 같다'는 뜻으로, 의심할 여지가 없이 매우 분명하다는 말.

- 그런 짓을 하면 선생님께 혼난다는 것은 명약관화였다.

모순

중국 초나라에 방패와 창을 파는 장사꾼이 있었어. 장사꾼이 지나가는 사람들에게 자랑하기를,

"내 방패는 아주 견고하오. 세상 그 어떤 물건도 내 방패를 뚫지 못한다오!"

장사꾼이 이번에는 창을 번쩍 들고 소리치기를,

"내 창은 아주 날카롭소. 세상 그 어떤 방패도 내 창에는 다 뚫린다오!"

그러자 어떤 이가 물었어.

"그대의 그 창으로 그대의 그 방패를 찌르면 어떻게 되오?"

장사꾼은 아무 대답도 하지 못했지. 뚫을 수 없는 방패와 모든 방패를 다 뚫을 수 있는 창은 함께 있을 수가 없겠지?

여기에서 나온 말이 바로 '모순'이야. 창을 뜻하는 한자 '모(矛)'와 방패를 뜻하는 한자 '순(盾)'이 합쳐져서 생긴 말이지.

'모순'이란 이야기 속의 장사꾼처럼 말이나 행동이 앞뒤가 맞지 않을 때 풍자하는 말로 쓴단다.

《한비자》 난일편

모순 矛盾

矛 창 모, 盾 방패 순

'창과 방패'라는 뜻으로, 어떤 사실의 앞뒤 또는 두 사실이 이치상 어긋나서 서로 맞지 않음을 이르는 말.

- 대화하기를 원한다면서 전화를 안 받는 것은 큰 모순이다.
- '나는 지금 거짓말을 하고 있다'라는 문장은 모순이다.

목불견첩

중국 초나라의 장왕이 월나라를 정벌하려고 했어. 그러자 바른 소리를 잘하는 현명한 신하 두자가 말했지.

"왕께서는 무엇 때문에 월나라를 치려고 하십니까?"

"월나라는 정치가 혼란스럽고 군대가 약하기 때문이오."

"저는 우리가 알고 있는 것이 눈과 같은 것이 될까 두렵습니다. 눈은 백 보 너머의 사물은 볼 수 있지만, 자신의 눈썹은 보지 못합니다. 우리 군대는 싸움에서 패배해 수백 리의 땅을 잃었으니 군대가 약하기 때문입니다. 장교란 자가 도적질을 일삼고 있는데 관리들이 막지 못하고 있으니 이는 정치가 혼란한 것입니다. 우리나라가 월나라보다 군대도 약하고 정치도 더 혼란스러운데 오히려 월나라를 치려고 하다니, 이것은 눈이 눈썹을 보지 못하는 것과 같은 것입니다."

이 말을 들은 장왕은 월나라를 치려던 계획을 멈추었

어.

한비자는 이 이야기에 대해 이렇게 말했지.

"아는 것의 어려움이란 다른 사람을 보는 데 있지 않고 자신을 보는 데 있다."

남의 허물을 보는 것은 쉬워도 자신의 허물을 보는 것은 어려운 일이라는 거지.

노자도 "스스로 아는 자는 명철하다"라고 했어. 제대로 된 통찰력을 갖고 싶다면, 자신을 제대로 파악하는 데서부터 출발해야 한단다.

《한비자》 유로편

목불견첩 木不見睫

目 눈 목, 不 아니 불, 見 볼 견, 睫 눈썹 첩

'눈은 눈썹을 보지 못한다'는 뜻으로, 사람이 남의 허물은 볼 줄 알아도 자신의 허물은 제대로 보지 못한다는 말.

- 목불견첩이라고 새해에는 내 잘못은 없는지 스스로 돌아보자.

미봉책

 중국 주나라 환왕이 정나라를 치기로 하고 다른 제후들에게 참전을 명했어. 명을 받은 괵·채·위·진 네 나라가 연합군을 꾸리고 환왕이 직접 군사를 이끌기로 했지. 연합군과 정나라, 양쪽 군대가 마주 섰을 때 한 장수가 장공에게 말했어.

 "환왕의 연합군은 수가 많지만 약점이 있습니다. 왼쪽 진영을 맡은 진나라는 자기 나라 정치가 어지럽기 때문에 전쟁을 치를 힘이 없습니다. 하여 진나라 군대부터 먼저 치는 게 상책입니다. 그러면 중앙도 혼란에 빠질 것이고 오른쪽도 힘을 못 쓸 것입니다."

 장공은 옳다고 보고, 진나라부터 쳤어. 대성공이었지. 연합군을 지휘하던 환왕은 어깨에 화살을 맞기까지 했어. 장공의 군사들은 환왕을 계속 추격하려고 했지만 장공이 말렸지.

 "군자는 사람을 상하게 하지 말아야 하는데, 하물며

왕을 욕되게 하면 되겠느냐? 나라를 지키려고 전쟁을 치렀으니, 나라가 안전하다면 그걸로 족하니라."

이 전쟁으로 장공은 천하에 이름을 떨쳤는데, 이때 장공이 쓴 전법이 '선편후오, 오승미봉'이었어. '전차를 앞에 세우고 보병을 뒤따르게 하며, 전차와 전차 사이의 간격을 보병으로 미봉한다'는 뜻이지.

미봉이란 군대를 재배열하여 보충하여 메운다는 뜻인데, 지금은 '어떤 일의 빈 곳이나 잘못된 것을 근본적으로 해결하지 않고, 해진 옷을 기워 입듯이 눈가림만 하는 일시적인 계책'을 '미봉책'이라고 한단다.

《춘추좌씨전》 환공 5년조

미봉책 彌縫策

彌 꿰맬 미, 縫 꿰맬 봉, 策 꾀 책

'실로 꿰매는 방책'이란 뜻으로, 눈가림만 하는 일시적인 계책을 이르는 말.

- 이를 안 뽑고 치료만 한다는 것은 미봉책 아닐까?

백년하청

　초나라가 정나라에 쳐들어왔어. 힘이 약했던 정나라는 거의 망할 지경이 되었지. 정나라 지도자들은 서둘러 회의를 열었는데 의견이 둘로 나뉘었대.
　"지금 우리나라는 몹시 위태롭소. 약소국인 우리는 결코 초나라를 당해 낼 수 없소. 그러니 항복이 현명한 생각이오. 우리가 살 수 있는 길은 예물을 준비해서 초나라를 맞이하는 것뿐이오."
　이런 항복론에 맞서, 진나라에 구원을 청하자는 의견도 있었지.
　"지금 즉시 진나라에 구원을 청하고 구원병이 올 때까지 버텨야 하오. 초나라는 멀리서 온 군사들이라 몹시 지쳐 있고 머지않아 식량도 떨어질 것이오. 우리는 성을 굳게 지키며 진나라에서 올 원군을 끝까지 기다려야 합니다."
　그러자 항복론을 주장하는 신하가 다시 이렇게 맞받

앉어.

"백 년도 안 되는 짧은 사람 목숨으로는 황허강 물이 맑아지기를 기다릴 수 없는 것입니다. 계책을 세우는 무리가 많아지면 백성들도 의견 차이가 많아지고, 일은 점점 더 이루어지지 않으며 백성들은 점점 더 조급해할 것입니다."

원군이 언제 올지 모르니 대책을 시급히 내놓아야 한다는 것이었어. 이 말이 옳다고 생각한 정나라 왕은 곧 초나라에 항복하고 화친을 맺었단다.

《춘추좌씨전》 양공 8년조

백년하청 百年河淸

百 일백 백, 年 해 년, 河 강 하, 淸 맑을 청

'중국의 황허강은 늘 흐려 맑을 때가 없다'는 뜻으로, 아무리 오랜 시일이 지나도 어떤 일이 이루어지기 어려움을 이르는 말.

- 쥐꼬리만 한 월급을 백날 저축해 보았자 백년하청이니, 집을 마련하려면 복권에 당첨되는 길밖에 없을 것 같아.

사족

 중국 초나라 재상 소양이 위나라를 쳐서 이기고 그 기세를 몰아 다시 제나라를 공격하려 할 때였어. 크게 걱정이 됐던 제나라 민왕은 진나라 사신 진진에게 도움을 청했지.
 진진은 초나라로 가서 재상 소양을 만나 대뜸 이렇게 물었단다.
 "적을 무찌르고 적장을 죽인 이에게 초나라에서는 어떤 상을 내리십니까?"
 "우리 초나라에서는 상주국 벼슬을 내려주고 있소."
 "그럼, 상주국보다 더 높은 벼슬자리는 없습니까?"
 "재상 자리가 있을 뿐이오."
 "이야기를 하나 들려 드리지요. 잔칫집에서 귀한 술 한 병이 나왔어요. 한 병밖에 안 되니 내기가 벌어졌습니다. 제일 먼저 뱀을 그린 사람이 혼자 마시기로 했지요. 그림 솜씨가 뛰어난 사람이 제일 먼저 뱀을 그렸습니다. 다른 사람들은 반도 못 그렸지요. 이 사람은 잘난 체하느라 발도 네 개 그려 넣었지요. 그러자 다른 사람이 술을 가로챘어요. '이게 무슨 뱀 그림이오? 뱀에 발이 어디 있소? 이건 뱀이 아니니 술은 내 거요.' 뱀에 발을 그린 사람은 고스란히 술을 빼앗겼답니다. 지금 당신은 재상입니다. 이미 최고 벼슬에 있으니 제나라에 쳐들어가 공을 세운들 무슨 소득이 있겠습니까? 행여 전쟁에 진다면 관직도 잃고 목숨도 위태로워집니다. 이야말로 뱀을 다 그리고 발까지 그리는 격이 아니겠습니까?"

소양은 그 말을 옳게 여겨 군사를 거두어 돌아갔단다.

《전국책》제책

사족 蛇足

蛇 뱀 사, 足 발 족

'뱀의 발'이라는 뜻으로, 쓸데없는 군짓을 하여 도리어 잘못되게 함을 이르는 말.

- 이런 것도 내 자존심 때문일까 생각해 보았으나 그것도 쓸데없는 사족처럼 느껴졌다.

새옹지마

옛날 중국 북쪽 변방에 한 노인이 살았어. 하루는 노인이 키우던 말이 고삐를 끊고 북쪽 오랑캐 땅으로 달아나 버렸어. 마을 사람들이 찾아와 노인을 위로했지만 노인은 크게 안타까워하지도 않고 태연하게 말했단다.
"이 일이 도리어 복이 될지 누가 알겠소?"

몇 달이 지난 뒤, 도망쳤던 말이 오랑캐 땅에서 튼튼한 말 한 마리를 데리고 돌아왔어. 이번에는 마을 사람들이 찾아와 노인을 축하했지만 노인은 크게 기뻐하지도 않고 무심하게 말했단다.
"이 일이 도리어 화가 될지 누가 알겠소?"

하루는 노인의 아들이 말을 타다가 떨어져 다리가 부러지고 말았어. 마을 사람들이 찾아와 노인을 위로했지만 이번에도 노인은 별 슬퍼하는 기색도 없이 태연하게 말했단다.

"이 일이 도리어 복이 될지 누가 알겠소?"

그로부터 1년 뒤, 오랑캐가 쳐들어와 젊은이들은 모두 전쟁터로 나가야 했어. 전쟁터에 나간 젊은이들은 모두 살아 돌아오지 못했으나 다리를 저는 노인의 아들만은 전쟁터에 끌려 나가지 않아 목숨을 부지할 수 있었지. 사람들은 말하지.

"따라서 복이 화가 되고 화가 복이 되니, 변화는 끝이 없고 깊어 예측하기 어렵구나."

《회남자》 인간훈

새옹지마 塞翁之馬

塞 변방 새, 翁 늙은이 옹, 之 어조사 지, 馬 말 마

'변방 노인의 말'이라는 뜻으로, 세상일의 좋고 나쁨은 예측하기가 어렵다는 말.

- 좋은 일 같아 보여도 결과적으로 나쁠 수 있으니, 사람의 일이란 새옹지마다.
- 새옹지마라고 지금은 힘들고 어렵지만 쨍 하고 해 뜰 날도 오겠지.

토사구팽

중국 한나라의 명장 한신은 항우를 물리치고 유방이 천하를 통일하는 데 큰 공을 세웠어. 그런데 한신의 힘이 점점 커지자, 불안해진 유방은 이런 명령을 내렸단다.

"오랜만에 사냥을 즐기고 큰 잔치를 열 생각이니, 장군들은 모두 모이시오."

'어쩌면 좋지? 가자니 잡힐까 두렵고 안 가자니 의심받을까 걱정이고.'

한신이 머리를 싸매고 있는데, 부하 한 사람이 말했어.

"종리매의 목을 유방에게 바치면 의심을 풀 것입니다."

종리매는 본디 항우 밑에 있던 뛰어난 장수로, 유방은 종리매에게 원한이 있었어. 한신이 종리매에게 사정을 털어놓자 종리매가 몹시 화를 냈단다.

"유방이 당신을 치지 못하는 것은 내가 당신과 같이 있기 때문이오. 유방의 비위를 맞추려고 나를 바치고 싶다면 내 스스로 목숨을 내놓겠소. 다만 내가 없어지면 그다음은 당신 차례임을 명심하시오!"

종리매는 스스로 목을 찔러 자결했어. 종리매의 목을 가지고 간 한신은 유방의 오해를 풀 수 있으리라 생각했지만 결과는 정반대였지. 유방은 종리매가 죽었다는 소식을 듣자마자 한신을 붙잡아 묶은 거야.

한신은 하늘을 우러러 탄식했단다.

"토끼 사냥이 끝나면 사냥개를 삶아 먹는다더니, 그 말이 맞았구나! 유방을 도와 항우를 무찌르고 전쟁에서 큰 공을 세웠건만 이제 천하를 가졌다고 나를 잡아 없애려 하는가!"

《사기》 회음후열전

토사구팽 兎死狗烹

兎 토끼 토, 死 죽을 사, 狗 개 구, 烹 삶을 팽

'토끼가 죽으면 사냥개를 삶아 먹는다'는 뜻으로, 필요할 때는 쓰고 필요 없을 때는 야박하게 버리는 경우를 이르는 말.

• 그분의 아버지는 평생 일한 직장에서 토사구팽당하셨다.

호접지몽

 장자가 어느 날 꿈을 꾸었어. 나비가 되어 꽃들 사이를 즐겁게 날아다녔지. 그러면서도 장자는 자기가 장자라는 것을 깨닫지 못했단다. 그러다가 문득 잠에서 깨어 보니, 자기는 분명 장자가 되어 있었대. 대체 장자인 자기가 꿈속에서 나비가 된 것인지, 아니면 나비가 꿈에 장자가 된 것인지를 구분할 수 없었지.

 장자와 나비는 분명 별개의 것이건만 그 구별이 애매함은 대체 무엇 때문일까? 이것은 사물이 변화하기 때문이야. 꿈이 현실인지 현실이 꿈인지, 도대체 그 사이에 어떤 구별이 있는 것일까? 장자와 나비 사이에는 피상적인 구별, 차이는 있어도 절대적인 변화는 없어. 장자가 곧 나비이고, 나비가 곧 장자인 이 경지, 이것이 바로 여기서 말하고자 하는 이상적인 세계야.

사물과 나의 구별이 없는 만물일체의 절대 경지에서 보면 장자도 나비도, 꿈도 현실도 구별이 없지. 보이는 것은 다만 만물의 변화에 불과할 뿐이야. 이처럼 저쪽과 이쪽의 구별을 잊는 것, 또는 물아일체의 경지를 비유해 호접지몽이라고 해.

호접이란 호랑나비를 말하는데, 오늘날에는 인생의 덧없음을 비유해서 호접지몽이란 말을 쓰기도 한단다.

《장자》 제물론편

호접지몽 胡蝶之夢

胡 수염 호, 蝶 나비 접, 之 어조사 지, 夢 꿈 몽

'나비가 된 꿈'이라는 뜻으로, 인생의 덧없음을 이르는 말.

- 호접지몽이라, 삶은 정녕 의미가 없는 것일까?

부록 1

더 알아 두면 좋은 고사성어

• 가정맹호(苛政猛虎)
'가혹한 정치는 호랑이보다 무섭다'는 뜻으로, 세금을 혹독하게 거두어들이고 자유와 인권을 유린하는 정치는 사람들에게 큰 피해를 준다는 말. 《예기》단궁 하편

• 간담상조(肝膽相照)
'간과 쓸개를 서로 내보인다'는 뜻으로, 서로 속마음을 털어놓고 친하게 사귐을 이르는 말. 《유자후묘지명》

• 감언이설(甘言利說)
'달콤한 말과 이로운 말'이라는 뜻으로, 귀가 솔깃하도록 남의 비위를 맞추거나 이로운 조건을 내세워 꾀는 말. 《개원천보유사》육요도, 《자치통감》당기

• 견강부회(牽强附會)
'강제로 끌어다 붙인다'는 뜻으로, 이치에 맞지 않는 말을

억지로 끌어다 붙여 자기에게 유리하게 함을 뜻하는 말. 《통지》

• 경국지색(傾國之色)
'나라가 기울어질 만큼의 미인'이라는 뜻으로, 뛰어나게 아름다운 미인을 이르는 말. 《한서》 이부인전

• 계명구도(鷄鳴狗盜)
'닭 울음소리를 잘 내는 사람과 개 흉내를 잘 내는 도둑'이라는 뜻으로 하찮은 재주 또는 그런 재주를 가진 사람을 이르는 말. 《사기》 맹상군열전

• 고주일척(孤注一擲)
'온 힘을 다해 마지막으로 한 번 모험을 해 본다'는 뜻으로, 전력을 기울여 어떤 일에 모험을 거는 것을 말함. 《송사》 구준전

• 곡학아세(曲學阿世)
'학문을 왜곡해서 세상에 아첨한다'는 뜻으로, 바른길에서 벗어난 거짓된 학문으로 권력자에게 아첨하면서 자신의 이익이나 출세를 꾀하는 것을 말함. 《사기》 유림열전

- 기호지세(騎虎之勢)

'호랑이를 타고 달리는 형세'라는 뜻으로, 어떤 일을 이미 시작한 터라 중도에서 그만둘 수 없는 경우를 이르는 말. 《수서》 독고황후전

- 난형난제(難兄難弟)

'누구를 형이라 하고 누구를 아우라 하기 어렵다'는 뜻으로, 두 사람이 비슷하여 낫고 못함을 정하기 어려움을 이르는 말. 《세설신어》 덕행편

- 다다익선(多多益善)

'많으면 많을수록 더욱 좋다'는 뜻. 《사기》 회음후열전

- 도외시(度外視)

'어느 정도의 밖에 있는 것이라고 본다'는 뜻으로 상관하지 않고 무시한다, 또는 안중에 두지 않는다는 뜻. 《후한서》 외효전

- 마이동풍(馬耳東風)

'봄바람이 말의 귀를 스쳐 간다'는 뜻으로, 남의 말을 귀담아듣지 아니하고 지나쳐 흘려버림을 이르는 말. 《왕십이의

'추운 밤에 홀로 술잔을 기울이며 느낀 바 있어서'에 답한다》

• 문전성시(門前成市)
'문 앞이 마치 시장처럼 되었다'는 뜻으로, 찾아오는 사람이 매우 많음을 이르는 말.《한서》정숭전

• 미생지신(尾生之信)
'미생의 믿음'이란 뜻으로, 우직하여 융통성 없이 약속만을 굳게 지킴을 이르는 말.《사기》소진열전,《장자》도척편

• 사이비(似而非)
'같아 보이지만 아니다'라는 뜻으로, 겉으로는 비슷하나 속은 완전히 다름 또는 그런 물건을 가리키는 말.《맹자》진심하편

• 서시빈목(西施嚬目)
'서시가 눈살을 찌푸린다'는 뜻으로, 옳고 그름의 판단 없이 남의 흉내를 냄을 이르는 말.《장자》천운편

• 수구초심(首丘初心)
'여우가 죽을 때는 머리를 자기가 살던 굴 쪽으로 둔다'는

뜻으로, 고향을 그리워하는 마음을 이르는 말. 《예기》 단궁 상편

• 수어지교(水魚之交)

'물과 물고기의 관계'라는 뜻으로, 아주 친밀하여 떨어질 수 없는 사이를 이르는 말. 《삼국지》 제갈량편

• 순망치한(脣亡齒寒)

'입술이 없으면 이가 시리다'는 뜻으로, 밀접한 사이에서 어느 한쪽이 망하면 다른 한쪽도 그 영향을 받아 온전하기 어려움을 이르는 말. 《춘추좌씨전》 희공 5년조

• 식자우환(識字憂患)

'글자를 아는 것이 걱정을 끼친다'는 뜻으로 학식이 있는 것이 오히려 근심을 사게 됨을 이르는 말. 《삼국지》

• 양두구육(羊頭狗肉)

'양 머리에 개고기'라는 뜻으로, 겉보기만 그럴듯하고 속은 변변하지 아니함을 이르는 말. 《오등회원》

• 어부지리(漁父之利)

'어부의 이득'이라는 뜻으로, 두 사람이 이해관계로 서로 싸우는 사이에 엉뚱한 사람이 애쓰지 않고 가로챈 이익을 이르는 말. 《전국책》 연책

• 오리무중(五里霧中)

'오 리나 되는 짙은 안개 속에 있다'는 뜻으로, 무슨 일에 대해 방향이나 갈피를 잡을 수 없음을 이르는 말. 《후한서》 장해전

• 오매불망(寤寐不忘)

'자나 깨나 잊지 못한다'라는 뜻으로, 누군가를 잊지 못하고 몹시 그리워함을 나타내는 말. 《시경》

• 조강지처(糟糠之妻)

'지게미와 쌀겨로 끼니를 이을 때의 아내'라는 뜻으로, 몹시 가난하고 힘들 때에 고생을 함께 겪어 온 아내를 이르는 말. 《후한서》 송홍전

• 지록위마(指鹿爲馬)

'사슴을 가리키며 말이라고 한다'는 뜻으로, 모순된 것을

끝까지 우겨서 남을 속이려는 짓을 이르는 말.《사기》진시황본기

- 퇴고(推敲)

'미는 것과 두드리는 것'이란 뜻으로, 글을 쓸 때 여러 번 생각해서 다듬고 고치는 일을 이르는 말.《당시기사》가도편

- 파죽지세(破竹之勢)

'대를 쪼개는 기세'라는 뜻으로, 적을 거침없이 물리치고 쳐들어가는 기세를 이르는 말.《진서》두예전

- 해어화(解語花)

'말을 이해하는 꽃'이라는 뜻으로, 빼어난 미인이나 기생을 이르는 말.《개원천보유사》

부록 2

이 책의 고사성어가 수록된 중국 원전

《남가태수전》: 중국 당나라의 이공좌라는 사람이 쓴 판타지 소설로서 '남가군 태수 이야기'라는 뜻이다.
→ 남가일몽(南柯一夢)

《냉재야화》: 중국 남송의 승려 혜홍이 펴낸 시 비평서로, 시인들의 일화와 그 시인들의 시, 시에 대한 비평 등이 실려 있다.
→ 환골탈태(換骨奪胎)

《논어》: 고대 중국의 사상가 공자와 공자의 제자들이 나눈 문답 및 공자의 말과 행적 등 인생의 교훈이 되는 말들이 실려 있다.
→ 교언영색(巧言令色) 부화뇌동(附和雷同)
　 살신성인(殺身成仁) 온고지신(溫故知新)
　 절차탁마(切磋琢磨)

《당서》: 당고조가 당나라를 세운 618년부터 당나라가 멸망한 907년까지의 당나라 역사를 기록한 역사책이다.
→ 마부작침(磨斧作針)

《맹자》: 덕으로 정치를 해야 한다는 맹자의 왕도정치를 주장하는 정치 철학책으로, 맹자가 고향으로 돌아와 제자들과 함께 토론하면서 만들어진 책이다.

→ 역지사지(易地思之) 인자무적(仁者無敵)
　필부지용(匹夫之勇) 호연지기(浩然之氣)

《문선》: 양나라의 소통이 진나라와 제나라 때의 시와 글을 모아 엮은 책. 130명이 넘는 문장가의 글이 실려 있다.
→ 천재일우(千載一遇)

《사기》: 중국 전한의 사마천이 기원전 104년부터 한나라 때인 101년까지의 중국과 그 주변 민족의 역사를 기록한 역사책이다.
→ 관포지교(管鮑之交) 권토중래(捲土重來)
　낭중지추(囊中之錐) 문경지교(刎頸之交)
　배수진(背水陣)　　백발백중(百發百中)
　사면초가(四面楚歌) 와신상담(臥薪嘗膽) 완벽(完璧)
　위편삼절(韋編三絕) 토사구팽(兎死狗烹)

《삼국지》: 중국 진나라의 학자 진수가 펴낸 역사책으로, 위나라, 촉나라, 오나라 3국의 역사를 기록한 책이다.
→ 괄목상대(刮目相對) 대기만성(大器晚成) 백미(白眉)
　삼고초려(三顧草廬)

《삼국지연의》: 중국의 위나라, 촉나라, 오나라 3국의 역사를 바탕으로 14세기에 나관중이 쓴 장편 역사 소설이다.
→ 고육지책(苦肉之策) 단기천리(單騎千里)
　읍참마속(泣斬馬謖)

《서경》: 우나라와 하나라 등 고대 중국의 정치를 기록한 책으로, 요, 순, 우, 탕, 문무, 다섯 임금의 이야기가 실려 있다.
→ 명약관화(明若觀火) 유비무환(有備無患)

《선림유취》: 중국 원나라의 승려 도태와 지경이 펴낸 책으로, 당나라 때부터 남송 말까지 불교 책에 실려 있는 내용, 이름난 승려들의 말과 행적 등이 실려 있다.
→ 자가당착(自家撞着)

《세설신어》: 중국 후한 말에서 동진 말까지 약 200년간 살았던 왕과 귀족, 학자, 스님 등 700여 명의 인물들의 말과 행동, 일화를 모아 송나라의 유의경이 펴낸 책이다.
→ 군계일학(群鷄一鶴)

《수형기》: 한족들 사이에 내려오는 수필 형식의 소설인 필기 소설《감주집》에 실린 단편 소설이다.
→ 화룡점정(畵龍點睛)

《순자》: 중국 주나라 때의 사상가 순황의 사상을 정리해 놓은 책. 인간의 본성은 악이라는 성악설을 주장하고 있다.
→ 좌우명(座右銘) 청출어람(靑出於藍)

《시경》: 춘추 시대의 민요를 중심으로 하여 모은, 중국에서 가장 오래 된 시집으로, 모두 305편의 시가 실려 있다.
→ 일취월장(日就月將) 타산지석(他山之石)

《여씨춘추》: 중국 진나라의 여불위가 펴낸 백과사전으로, 춘추 전국 시대의 모든 사상을 정리해 놓은 책이다.
→ 각주구검(刻舟求劍)

《역대명화기》: 중국 당나라의 장언원이 중국의 화가 371명의 전기와 함께 그림에 관한 자료 등을 엮는 책이다.
→ 화룡점정(畵龍點睛)

《열녀전》: 중국 한나라의 유향이 펴낸 책으로, 여성들이 활약한 기록을 모아서 엮은 역사책이다.
→ 맹모삼천(孟母三遷)

《열자》: 춘추 전국 시대에 열어구(열자)가 쓴 철학책으로, 나중에 다른 문인들과 제자들이 보완해서 기술했다.
→ 기우(杞憂) 우공이산(愚公移山) 조삼모사(朝三暮四) 지음(知音)

《예기》: 공자를 비롯한 후대 학자들이 고대부터 한나라 때까지의 제도와 예식 등에 대해 모아 펴낸 책이다.
→ 부화뇌동(附和雷同)

《오등회원》: 중국 송나라의 승려 혜명 등이 펴낸 선종 불교의 역사를 기록한 책이다.
→ 이심전심(以心傳心)

《오월춘추》: 중국 동한의 조엽이 쓴 역사책으로, 오나라와 월나라가 서로 경쟁하면서 흥하고 망하는 과정을 매우 상세히 소설처럼 쓴 책이다.
→ 동병상련(同病相憐)

《위서》: 중국 북제의 위수가 펴낸 역사책으로, 선비족인 탁발부가 화북 지방에 세운 북위의 역사를 기록한 책이다.
→ 천리안(千里眼)

《장자》: 중국 전국 시대의 사상가 장자가 쓴 철학책으로, 교훈적이고 풍자적인 글과 이야기로 이루어져 있다.
→ 명경지수(明鏡止水) 호접지몽(胡蝶之夢)

《전국책》: 중국 한나라의 유향이 전국시대 전략가들의 정치와 군사, 외교 전략 등을 모아 엮은 책이다.
→ 사족(蛇足) 호가호위(狐假虎威)

《즉사》: 중국 북송 때의 유명한 시인 왕안석이 노년에 쓴 시로, '즉사'란 '바로 눈앞에 보이는 경치'를 뜻한다.
→ 금상첨화(錦上添花)

《진서》: 중국 진나라의 방현령과 이연수 등 20여 명의 학자가 왕의 명령을 받고 펴낸 진나라 역사책이다.
→ 임기응변(臨機應變) 죽마고우(竹馬故友) 형설지공(螢雪之功)

《진정표》: 중국 진나라의 이밀이 무제 임금에게 올린 글로, 중국의 3대 명문(뛰어나게 잘 쓴 글)에 속한다.
→ 반포지효(反哺之孝)

《춘추좌씨전》: 공자가 쓴 《춘추》를 노나라의 좌구명이 해석한 책으로, 기원전 722년부터 기원전 481년까지의 역사를 다루고 있다.
→ 결초보은(結草報恩) 미봉책(彌縫策) 백년하청(百年河淸)

《태평광기》: 중국 송나라의 이방 등 12명의 학자가 펴낸 이야기 모음으로, 신선이나 도사, 귀신 등의 이야기로 진기하고도 색다른 이야기 7,000여 편이 실려 있다.
→ 천의무봉(天衣無縫)

《학림옥로》: 중국 송나라의 나대경이 지은 책으로, 문인과 학자 등의 말을 소개하고, 좋은 글에 대해서는 찬양하는 글을 싣고 있다.
→ 촌철살인(寸鐵殺人)

《한비자》: 중국 한나라의 한비 등이 쓴 책으로, 법에 따라 정치를 해야 한다는 법치주의를 주장하고 있다.
→ 모순(矛盾) 목불견첩(木不見睫) 수주대토(守株待兎)

《한시외전》: 중국 연나라의 한영이 《시경》을 해설한 책으로, 여러가지 옛날 일화와 설화 등을 소개한 다음, 《시경》의 시구들로 마무리하는 형태로 되어 있다.
→ 당랑거철(螳螂拒轍)

《회남자》: 중국 한나라의 유안이 쓴 책으로, 철학이나 자연 과학 이외에 여러 분야의 지식을 정리하고 있다.
→ 새옹지마(塞翁之馬)

《후한서》: 중국 송나라의 범엽이 펴낸 역사책으로, 후한의 196년 역사를 기록하고 있으며 한반도의 고대 역사도 다루고 있다.
→ 대기만성(大器晚成) 등용문(登龍門) 선견지명(先見之明)